科学がつきとめた 中年太りのすごい解消法

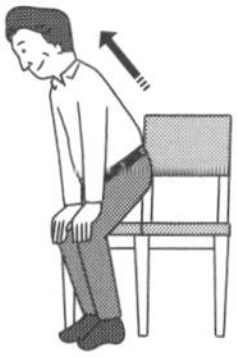

国立研究開発法人
医薬基盤・健康・
栄養研究所 室長
山田陽介

X-Knowledge

はじめに

中年太りは見た目も健康も損なう

若い頃はガリガリのやせ型だったのに、40歳を過ぎるとお腹が出てきて、気が付けば体重も10kg以上増えていた。この本を手に取ったのは、このような中年太りの悩みを抱えている方ではないかと思います。

もしかしたら、1度や2度、減量にチャレンジしたことがあるかもしれません。でも、がんばって減量したのに、いつのまにか体重は元に戻ってしまった。あるいは、元の体重よりも増えてしまった――。こんな人もいるのではないでしょうか。

中年太りというと、男性の悩みという印象がありますが、もちろん女性でも中年太りに悩む人はいます。ただ、男性は40歳前後から中年太りが目立ってくるのに対して、女性は更年期といわれる50歳前後から太ってくる人が増えてきます。太り始める時期に違いはあるものの、中年太りは男女共通の悩みといえるでしょう。

中年太りになると、若い頃には余裕で着られた服が着られなくなりますし、見た目もすごく気になるものです。

それだけではありません。中年太りを放置すると、健康を損なったり、寿命を短くするリスクも大きくなります。

40歳を過ぎると、年1回の健康診断の際、お腹まわり（腹囲）を測られて、メタボリック・シンドローム（以下、メタボ）であるかどうかを判定されます。

メタボをそのままにしておくと、生活習慣病と呼ばれる高血圧や糖尿病、脂質異常症のリスクが高くなります。そして生活習慣病を発症すると、心筋梗塞などの虚血性心疾患や脳卒中といった怖い病気のリスクも高まります。もしかしたら、健康診断やそれにともなう保健指導で、そのことを指摘された方も、この本を手に取っているかもしれません。

このような病気のリスクも、中年太りを改善することで減らすことができます。だからこそ、みんな一生懸命減量にはげんでいるのでしょう。

現代は減量に関する情報があふれています。本屋さんに行って、健康・家庭医学などのコーナーを覗けば、ダイエット本がズラリと並んでいますね。

インターネットならもっと簡単です。「ダイエット法」と検索ワードを入力すれば、流行のダイエット法がこれでもかというくらい表示されます。でも、それらのダイエット法を、実際にやってみたけど、やせられなかったという人も多いのではないでしょうか。

科学的な食事と運動で中年太りを解消

ネットのダイエット法を試してもやせられないのは、巷にあふれるダイエット法のほとんどが科学的ではないからでしょう。

私は肥満や運動などに関する研究者です。そして、それらを研究する中で、中年太りがなぜ起こるのか、そのメカニズムについて科学的に明らかにしてきました。

中年太りが起こるメカニズムが科学的にわかれば、中年太りの解消法、すなわち科学的なダイエット法もおのずと明らかになるはずです。それを一般の人にもわかりやすくまとめたのが本書です。

その内容には、これまで中年太りの常識と思われていた情報とは違っているものもたくさんあります。

例えば、中年太りが起こる原因の1つに、「代謝の低下」があるといわれています。中年になると、代謝（エネルギー消費量）が低下するので、太りやすくなるという考え方です。多くのダイエット本にも書かれていますね。

ところが、私たちの研究によれば、少なくとも60歳くらいまでは、若い頃（例えば20代）と比べて代謝の差はほとんどないということがわかっています。

にもかかわらず、現実には中年になると多くの人が中年太りを経験します。これはいったいどういうことなのでしょうか。

その1つは、カロリーオーバー（食べすぎ）です。でもそういわれると「そんなに食べていないのに」という人がいます。実は、本人は気づいていないのに、気づかないうちに食べすぎているのが現代人なのです。

もう1つ、活動量の低下（運動不足）も、中年太りの原因の1つです。これは思い当たる人も多いようですが、現代人の運動不足はかなり深刻な状況です。

本書ではこの2つの中年太りの原因に対し、さまざまな角度から科学的にアプローチすることで、中年太りのメカニズムと改善法を明らかにしました。中年太りにお悩みの方々のお役に立てることを願っています。

山田陽介

目次

第1章 どうして中年になると体重が増えるのか

第2章 体重が増えると病気になりやすい

第3章 どうすれば中年太りを解消できるか

第4章 座る時間が長い人はやせられない

第5章 65歳からは小太りのほうがよい

第6章

ドクター山田式　中年太りダイエット必勝法

装丁　田中俊輔
取材・文　福士 斉
編集　加藤紳一郎
本文デザイン　平野智大（マイセンス）
イラスト　小林孝文（アッズーロ）
印刷　シナノ書籍印刷

第1章

どうして中年になると体重が増えるのか

年齢とともに代謝は低下する？

「あれっ？　最近、ずいぶんお腹が出てきたなぁ」と思って、ひさしぶりに体重計に乗ってみたら、20代の頃より10kgも太っていた。40～50代くらいの年齢になると、こんな経験をする人が珍しくありません。これがいわゆる「中年太り」です。

「はじめに」でも述べましたが、これまでは代謝の低下が中年太りの大きな原因といわれてきました。そこでまず、代謝とはどういうものかをお話しすることにしましょう。

私たちが生きていくためには、エネルギーが必要です。そのエネルギーは、私たちが食べたものから得られます。これを摂取エネルギーといいます。

ちなみに、私たちがよく使う「カロリー」という言葉があります。カロリーはエネルギーの単位のことで、1ℓの水の温度を1度上げるために必要なエネルギーが1キロカロリーになります。つまり、食べたもののカロリーが高いほど、摂取エネルギーも大きくなるわけです。

一方、エネルギーは、体を動かしたりすることで消費されます。これまではこのエネルギー消費量は、年齢とともに低下していくと考えられていました。

その理由としていわれていたのが「代謝」の低下。代謝とは、食べたものの栄養素が合成・分解されていくプロセスを示す言葉で、年齢とともに代謝は低下していくというのが、これまでの一般的な常識でした。

代謝には大きく分けて、基礎代謝（脳や内臓の活動など、じっとしていても消費されるエネルギー代謝）と、体を動かすことによって消費される活動代謝がありますが、ここではそれらを含めた総代謝量＝総エネルギー消費量と考えてください。

さて、総エネルギー摂取量と総エネルギー消費量が同じであれば、体重の増減はありません。逆に、摂取量を消費量が上回れば体重は減りますし、消費量が下回れば体重が増えるということになります。

摂取エネルギーが20代のときと変わらなければ、30代、40代と年齢を重ねるとともに代謝が低下していくので、消費量が摂取量を下回って体重が増えていく。これが、これまでの中年太りのメカニズムと考えられていました。

ところが、私たちが研究した結果、この代謝の低下という考え方は誤りであることがわかりました。「はじめに」で述べたように、60歳くらいまでは代謝が落ちることはほとんどないのです。

中年太りの原因は代謝の低下ではないことが判明

2021年8月13日、アメリカの科学誌『サイエンス』に、私を含む80人以上の国際的な科学者チームによる「人間の一生を通しての毎日のエネルギー消費量」(原題は15ページ)という論文が発表されました。

実は、1日の総エネルギー消費量を生涯にわたって追跡した研究は、これまでほとんどありませんでした。そこで、研究チームは生後8日から95歳までの男女を対象に、総エネルギー消費量の大規模なデータベースを分析しました。

29カ国6421人(64%が女性)のデータを5年間かけて収集したもので、対象者は先進国の人はもちろん、低所得国の人や狩猟・採集を続けている人、高地に住んでいる人など、全世界のあらゆる環境に暮らしている人たちのデータを集めました。

結論からいうと、20~60歳までの総エネルギー消費量は、ほとんど変化がないことがわかりました。つまり、代謝の低下が中年太りの原因ではないということになります。

人の一生における消費エネルギーの変化

総エネルギー消費量の変化

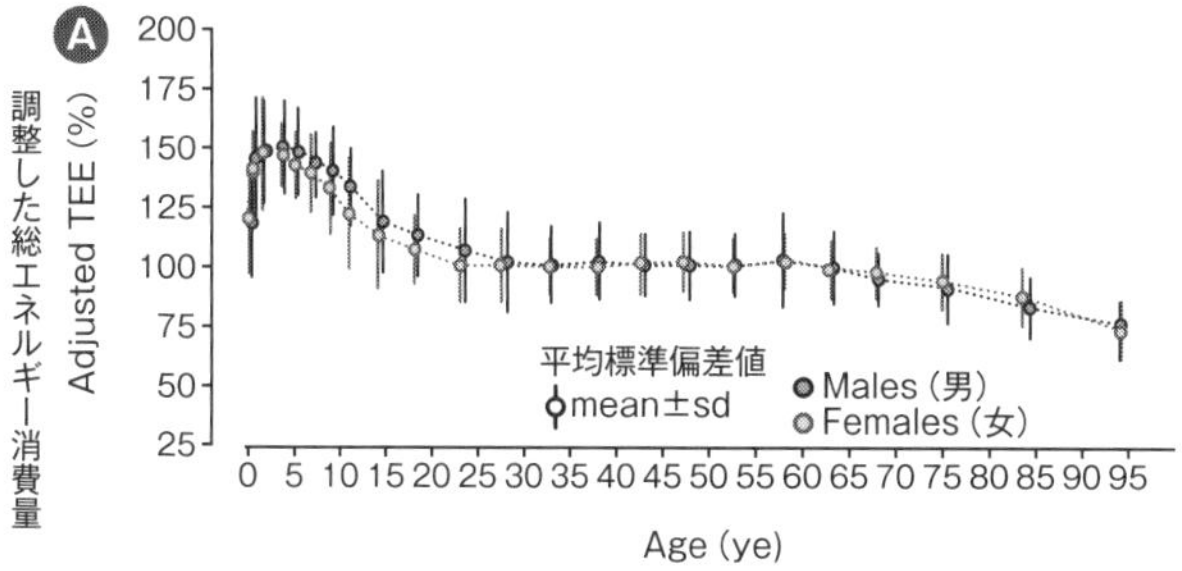

基礎消費エネルギー(基礎代謝)の変化

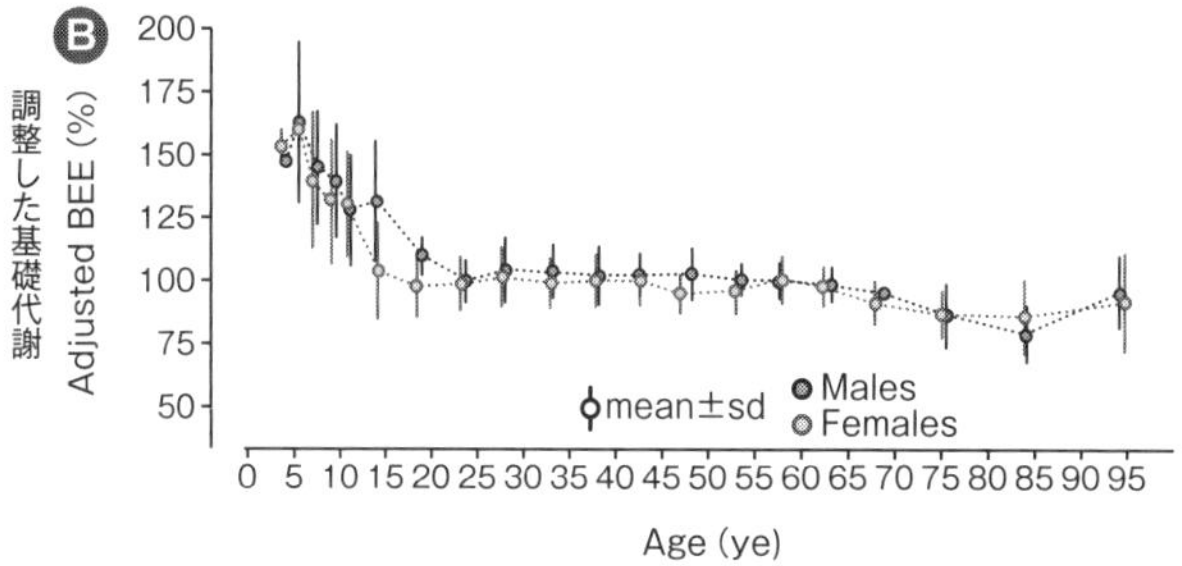

ライフコースにわたる除脂肪量と体脂肪量を調整した消費(Fat-free mass and fat mass adjusted expenditures over the life course)。Aは総エネルギー消費量、Bは基礎消費エネルギー(基礎代謝)。いずれも成長期を過ぎると安定し、60代半ばくらいまでは大きな変化はないことがわかる。中年太りの原因は基礎代謝の低下ではない

原題:Daily energy expenditure through the human life course
出典:SCIENCE 13 Aug 2021 Vol 373, Issue 6556 pp. 808-812 DOI: 10.1126/science.abe5017

なお、15ページのグラフは、いずれも年齢による体重などの影響を排除するため、体の大きさなどを調整しています。

上のグラフから見えてくるのは、総エネルギー消費量のピークは乳幼児の頃で、そこから少しずつ減ってきて、20歳ぐらいで安定。その後、60歳ぐらいまでは大きな変化がないことがわかります。

一方、下のグラフは基礎代謝の変化を示したものですが、基礎代謝においても、同じような変化をたどることがわかります。この結果からも、代謝が落ちてくるのは60歳を過ぎてからで、40代や50代ではほとんど変化がないことがわかります。

これまで代謝の研究では、基礎代謝のほうに注目が集まっていました。なぜなら、基礎代謝は総エネルギー消費量の50〜70%くらいを占めているからです。

しかし、一般に中年になると活動量が減る傾向があるといわれているので、活動代謝も合わせて研究することになったわけです。

ところが、両者を合わせても変化はありません（上のグラフ）。20代でも50代でも、活動によって消費するエネルギーそのものはほとんど変わっていないということです。

よく中年太りの言い訳として、「中年になったら代謝が落ちるんだから、太るのはあたりまえ」という人がいますが、それはこのデータによって否定されたことになります。

では、代謝の低下が事実ではないとすれば、どうして中年太りになる人が、これほど多いのでしょうか。

終戦直後の日本に中年太りの人はいなかった

そもそも、日本人の中年太りは昔からあったわけではありません。それを明らかにしたのが、国立健康・栄養研究所が行っている調査です。この調査は１９４７年に始まりました。戦争が終わったのが45年（昭和20年）ですから、47年（昭和22年）というと、日本がまだＧＨＱ（連合国最高司令官総司令部）に占領されていた頃です。

ＧＨＱは、敗戦で日本が深刻な食糧難に陥っていたため、日本の国民にどれくらい栄養が必要なのかを調べて、食糧の輸入量などを決めるために、この調査を始めました。52年（昭和27年）に日本が独立した後も、国民の健康のための調査として続けられ、それが現在まで続いています。

調査の名称は「国民健康・栄養調査」で、ＢＭＩの推移が47年から調べられています。

日本人男性の体格の変化(BMIの推移) 1947~2019年

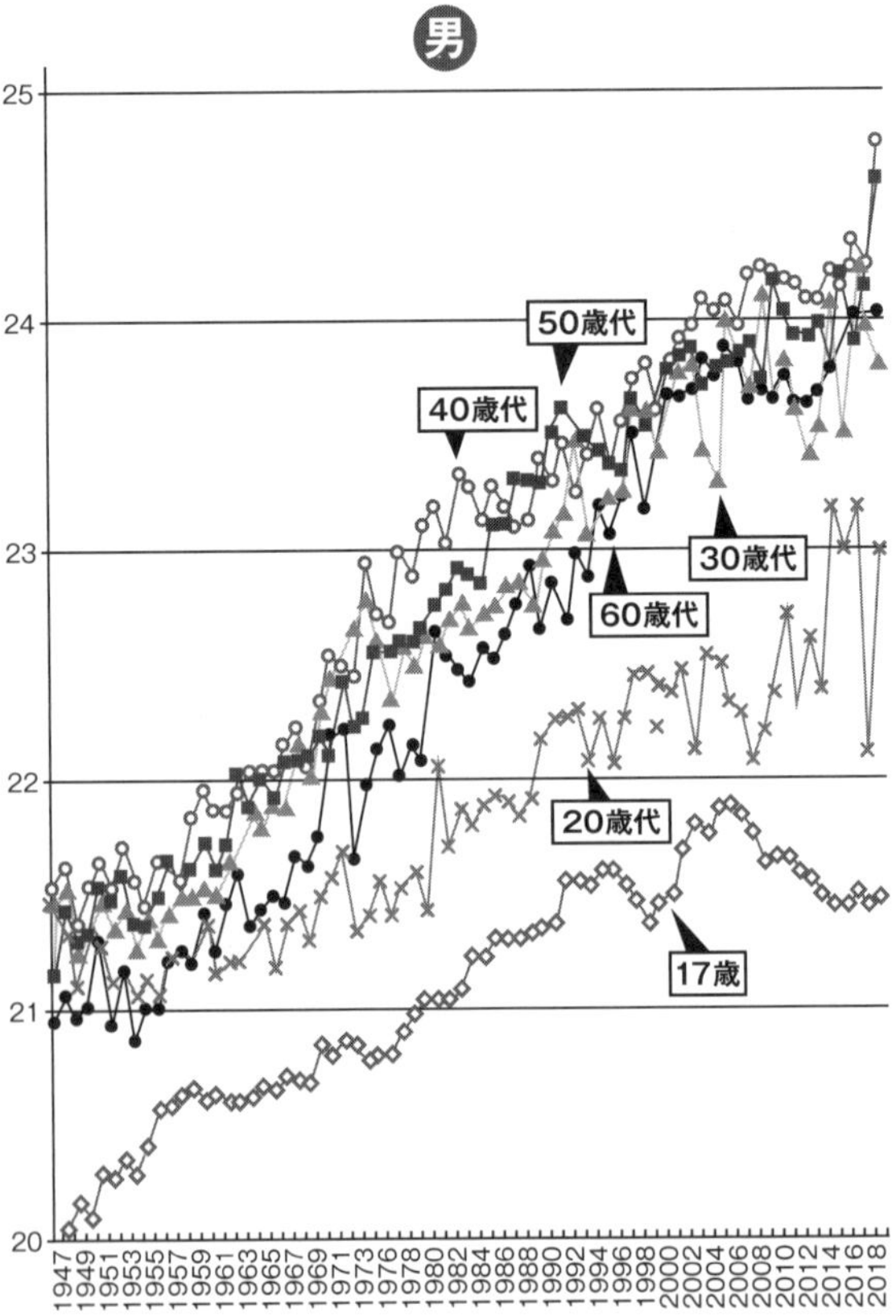

注:BMIは体格指数で体重(kg)を身長(m)の2乗で割ったもの。25以上は「肥満」、18.5以下は「やせ」とされる。ここでは平均体重と平均身長から算出。87年までの20~29歳は20~25歳の各種データおよび26~29歳データによる平均値から計算。

日本人女性の体格の変化(BMIの推移) 1947~2019年

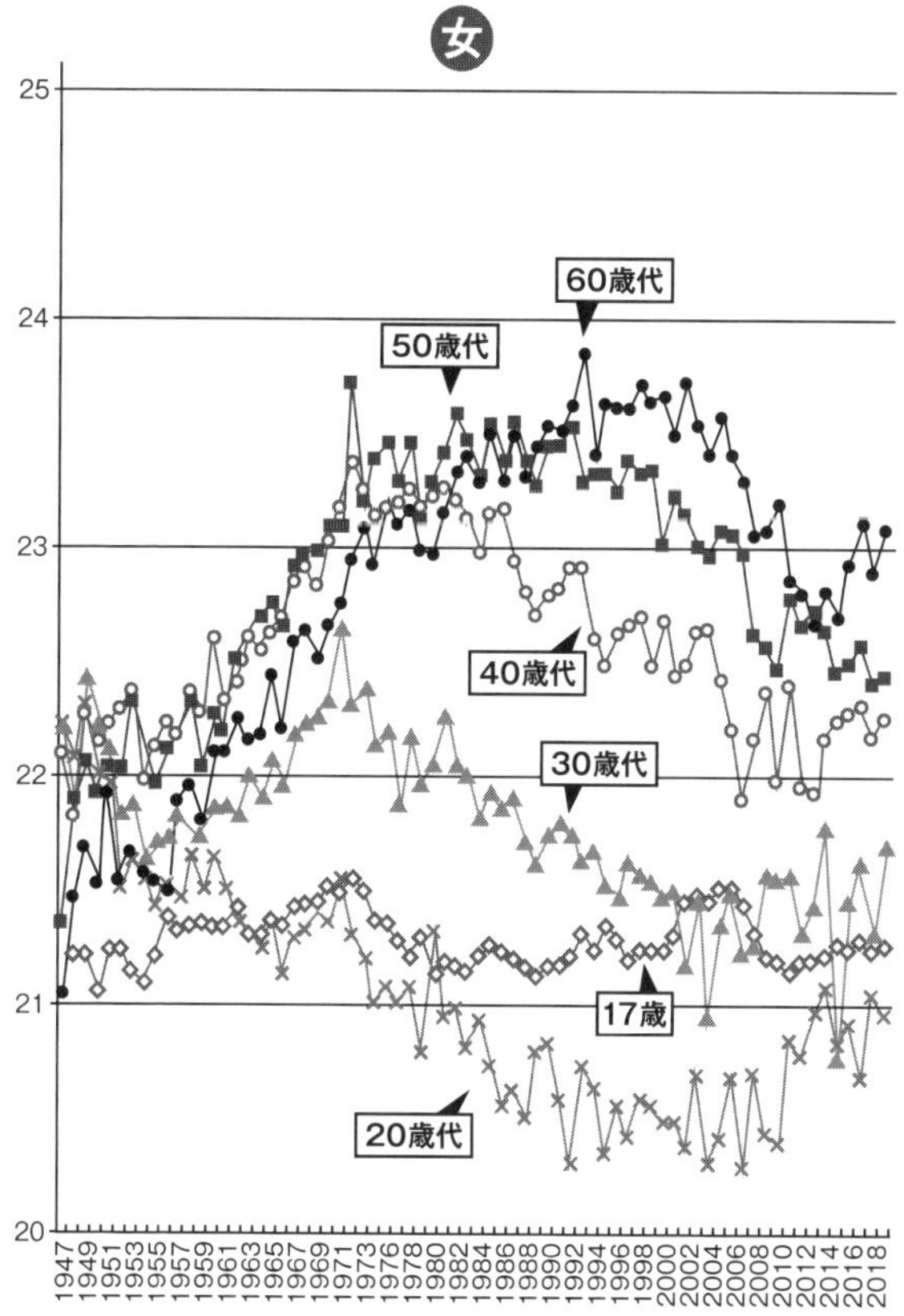

資料;国民健康・栄養調査(厚生労働省、1974年身長体重調査なし)、学校保健統計(文部省、17歳)

ＢＭＩについては後で詳しく述べますが、体格を示す国際的な指数のことで、ＢＭＩ22が標準値とされています。

戦後すぐは男女ともあらゆる年代で、22前後もしくはそれ以下でした。それが、だんだん右肩上がりになっていくのは、日本人の栄養状態がよくなったことを示しています。

そして男性は70年代から、30歳代から60歳代のＢＭＩが23を超えていくのがわかると思います。

一方、女性は50歳代、60歳代が70年代から23を超えるようになります。女性の中年太りが50歳代から増えてくるのは理由がありますが、それは後で詳しく述べます。

ＢＭＩで肥満とされるのは25以上ですが、グラフのデータは平均値を示しているので、25を超える人も相当いたことになります。つまり、この頃から中年太りが目立つようになったのではないかと考えられます。ただ、「中年太り」という言葉がマスコミなどで使われるようになったのは、もう少し後ではないかと推察されます。

ちなみに、75年（昭和50年）頃の食事が、健康寿命を延ばす理想的な食事であると、東北大学大学院農学研究科の都築毅准教授（当時）が、16年（平成28年）に学会で発表して話題になりました。この食事は、伝統的な和食に洋食を少し加えたもので、健康的な食事のベースになる考え方とされています。

80年代以降は、洋食の比率が増えて、いわゆる「食の欧米化」が始まります。ごはん（米）を食べる量が減ってきて、肉食が増えていくわけです。それとともに、中年太りも増えてきたような印象があります。

BMIが25以上が肥満の目安

ここで、前述のBMI（ボディ・マス・インデックス）について説明しましょう。BMIは身長からみた体重の程度を示す体格指数で、体重（kg）を身長（m）の2乗で割って求められます。

身長と体重だけで数値が出せるので、さまざまな研究にBMIが用いられています。標準値の22になるのが標準体重で、もっとも病気になりにくい状態であるとされています。そして25を超えると肥満と判定されて、生活習慣病のリスクが上がるとされています。

しかし、現実には同じ身長と体重でも、筋肉量や体脂肪量の違いがあるので、BMIだけで病気などのリスクを評価するのは不十分であるとする意見もあります。

確かに同じＢＭＩでも、筋肉量が少なく体脂肪量が多い人のほうが、病気のリスクは高くなります。そのため、最近は筋肉量や体脂肪量のデータを用いた研究も増えています。

ただ、疫学や公衆衛生の分野の研究では、実際に筋肉量まで測っている調査が少ないので、大規模なデータはＢＭＩだけで調べることがほとんどです。そして、ＢＭＩを用いて生活習慣病などの研究が行われていて、実際に病気を減らすなどの成果が得られています。少なくとも、自分がどのくらい太っているかを判断するのに、ＢＭＩが１つの目安になることは間違いありません。

その上で、自身の筋肉量や体脂肪量を知ることも、中年太りの解消には役立つでしょう。最近は、体重計にいろんな機能がついた体組成計というものが販売されているので、わりあい簡単に調べられます。筋肉量や体脂肪量だけでなく、内臓脂肪レベルや骨量などもわかります。自分の体について、もっと詳しく知りたい人は、こういったアイテムを利用するのもよいでしょう。

ただ、体組成計が示す数値は、体に微弱な電流を流して、その電気抵抗値から求められる推定値ですから、メーカーによって数値に違いがあると思われます。

ですから体組成計を長期間使用するときは、同じ製品を使い続けるようにしたいもので

BMIの計算方法

BMI＝体重(kg)÷身長(m)^2

	標準体重	肥満	危険な肥満
身長	BMI22の体重	BMI25の体重	BMI30の体重
150cm	49.5kg	56.3kg	67.5kg
155cm	52.9kg	60.1kg	72.1kg
160cm	56.3kg	64.0kg	76.8kg
165cm	59.9kg	66.1kg	81.7kg
170cm	63.6kg	72.3kg	86.7kg
175cm	67.4kg	76.3kg	91.9kg
180cm	71.3kg	81.0kg	97.2kg
185cm	75.3kg	85.6kg	102.7kg
190cm	79.4kg	90.3kg	108.3kg

※小数点第2位以下四捨五入。BMI30を超えると、危険な肥満とされ、生活習慣病のリスクが非常に高くなる(第2章参照)。ネット上にBMIを計算するサイトなどもあるので、それらを使って自分のBMIや標準体重を計算する方法もある

す。買い換える場合には、精度やエビデンスにこだわるのがよいと思います。

1日10キロカロリーでも20年後は10kg増に

中年になっても20歳代の頃と代謝（総消費エネルギー量）が変わらないとすれば、中年太りはどうして起こるのでしょうか。

単純に考えると、体重が増えるのは総摂取エネルギー量が総消費エネルギー量を上回っているのですから、太るのはカロリーオーバーが原因ということになります。

前述の『サイエンス』の論文で示したように、総消費エネルギー量は生まれてからすぐに増えていきます。成長期には体をどんどん大きくしなければならないので、大人よりも多くのエネルギーを必要とするからです。

成長が止まって身長が伸びなくなるのが、18～20歳ぐらいです。前述のグラフで見たように、そこから基礎代謝量も総消費エネルギー量も低下します。実は、代謝が落ちるのはこの段階なのです。

成長期に食べていたのと同じ量の食事（カロリー）を、大人になっても摂り続ければ、当然のことながら、カロリーオーバーになって体重は増えていくことになります。

でも多くの人は、成長が止まると食べる量は減ってくるものです。本書を読まれている方の中にも「大人になってからは、10代の頃みたいにたくさんは食べていないよ」という人もいるでしょう。

仮にその摂取カロリーの差が10キロカロリーだったらどうでしょうか。一般に、1日に必要な摂取カロリーは、成人男性で2100～2700キロカロリーといわれています。実際には、体格やライフスタイルによって変わりますが、2100～2700キロカロリーに対して、10キロカロリーというのは微々たる数字です。

しかし、成長が止まってから、10キロカロリーオーバーが何年も続いていたら、どうなるでしょうか。少しずつ体重が増えていくのは道理ですね。私は中年太りの一番大きな原因はここにあると考えています。

例えば、18歳でBMIが20だったとします。そこから10キロカロリーオーバーが続くとすると、20年かけてBMIは25くらいになってきます。

この場合、38歳でBMI25に達することになります。1日に20キロカロリーのカロリーオーバーの人なら、28歳でBMI25になります。

つまり、10キロカロリーオーバーでは20年後、20キロカロリーオーバーでは10年後に体重が10kg増えている計算になるわけです。

1日たった1・4gの積み重ねが中年太りに

子どもの成長のために必要なカロリーは、10〜20キロカロリーといわれています。実際は、成長期は消費エネルギーも多いので、もっとたくさん食べているような印象があると思います。それに対し、大人になって活動量が少なくなると、10〜20キロカロリーオーバーが積み重なってしまいがちです。

逆に考えると、10〜20キロカロリーオーバーなら、活動量を増やすことで帳消しにできます。よく「運動してもたいして消費できない」とか「ダイエットに運動はほとんど意味がない」などという人がいますが、10キロカロリーくらいなら、20〜30分程度のウォーキングで消費することができます。

確かに、運動は消費カロリーとしては意外に少ないのですが、普段あまり動かない人にとっては大きな意味があります。

では1日10キロカロリーオーバーで、体重がどれくらい増えるのかというと、わずか1・4gです。家庭用の体重計は最低でも50g単位ですから、この体重増を可視化することは不可能です。それが知らないうちに積み重なって、中年太りになっていくのです。

私たちの研究所では、安定同位体という技術を用いて、精度よく摂取カロリーを測ることができます（二重標識水法といいます）。しかしそれでも、50キロカロリーくらいの誤差があります。1日1・4gの体重増というのは誰にもわからないのです。

現在、中年太りを自覚している人は、これまでに1回か2回はダイエットした経験があるかもしれません。それで実際にやせられたでしょうか。

食事を減らしてやせたのであれば、元の食事量に戻せば、再び10キロカロリーオーバーが始まるので、また元に戻ってしまうでしょう。

ですから、ダイエットするなら、体重が元に戻らないようにするため消費できないカロリーオーバー分を、継続して減らしていかなければなりません。

それでも、「10キロカロリーくらいなら簡単に減らせる」と思うかもしれません。ところが、そこにも大きな落とし穴があります。

というのは、自分が1日何キロカロリー摂っているか、正しく評価できる人は、全体の

3分の1くらいしかいないからです。特に太っている人ではなおさらです。

研究の対象者の自己申告による摂取カロリーと、実際に摂取したカロリー量を比較した研究がありますが、3分の2くらいは過小評価しています。つまり、自分ではそんなに食べていないと思っていても、実際はけっこう食べているのです。

中年になると筋肉の質が悪くなる

総消費エネルギー量のうち、動かなくても消費される分が基礎代謝量です。筋肉が増えるほど、基礎代謝量も上がるとされています。

このように、中年太りの解消にとって、筋肉はとても重要なのですが、さまざまなデータを見ても、筋肉量は20歳代と60歳代ではあまり変化はありません。

しかし、筋肉量は同じでも、20歳代と60歳代では「筋肉の質」が違ってきます。筋肉の質とはどういうことでしょうか。

筋肉の収縮する細胞のことを筋細胞（筋繊維ともいう）といいます。この筋細胞の量が、年齢とともに減ってくるのです。

では筋細胞が減ってきても、筋肉量には変化がないのでしょうか。実は筋細胞が減っても、筋細胞のまわりにある筋内脂肪や水分が増えてくるため、筋肉量だけを計測した場合は、あまり変化が見られません。

筋内脂肪というのは、霜降り肉を想像すればわかりやすいと思います。ヒトの筋肉も、中年になると、霜降り肉のような状態になっていく人がいます。

若いときはギュウギュウに詰まった筋肉を持っているのに対し、年齢を重ねるとスカスカの筋肉になっていく。そんな状態をイメージしてもらうとよいと思います。

前述した体組成計では、多くの機種で筋肉量を測ることができますが、筋肉量に変化がないからといって喜んではいけません。筋肉量は同じでも、筋肉の質が低下している可能性があるからです。

ただ、最近の体組成計で、やや高価な機種の中には、筋肉の質を採点する機能が付いたものもあります。筋肉の質の低下が心配な人は、こういう機種を利用するのも1つの方法です。

筋肉量を増やすには、無酸素運動が効果的だといわれています。無酸素とは、有酸素運動のように酸素を使う運動ではないという意味。いわゆる筋肉トレーニング（以下、筋トレ）のことです。

しかし、有酸素運動をしている人も、筋トレをしている人も、筋肉の質自体はあまり差がないことがわかっています。また、ほとんど運動しない人よりも、何らかの運動をしている人のほうが筋肉の質はよくなります。ですから、余裕のない人は有酸素運動だけでもよいので運動したほうがよいのです。

ただ、筋トレをすると確実に筋肉が増えるので、できる人は筋トレもやったほうがよいと思います。本書の実践編（第6章）でも、自宅で簡単にできる筋トレを紹介しているので、これだけはぜひやっていただきたいと思います。

筋肉の質とは何か？

ここで、もう少し筋肉（骨格筋）の質について詳しく説明することにしましょう。

脂肪という組織はその90％程度が「脂質」からできています。ほぼ均一な組織なのですが、骨格筋という組織は「たんぱく質」だけでできているわけではありません。骨格筋の約7割は「水」から構成されていて、とてもみずみずしい組織なのです。

年齢とともに筋細胞は萎縮していく

A 32歳男性の筋細胞

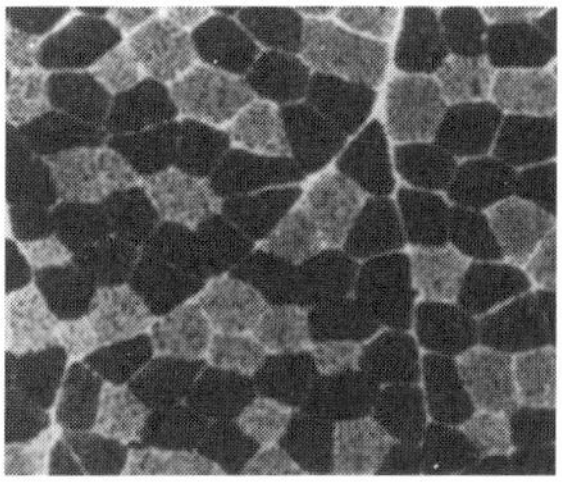

70歳男性の筋細胞

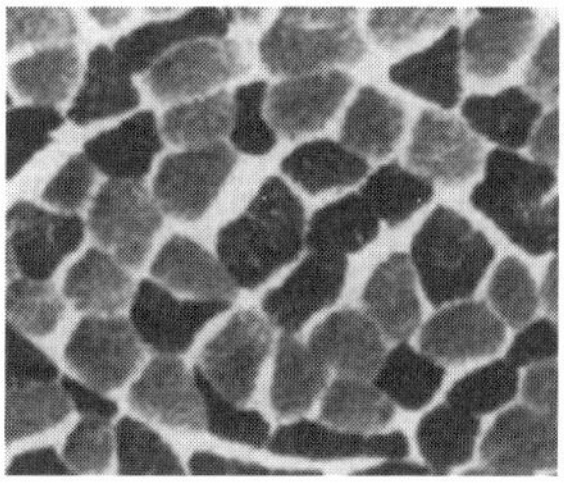

B

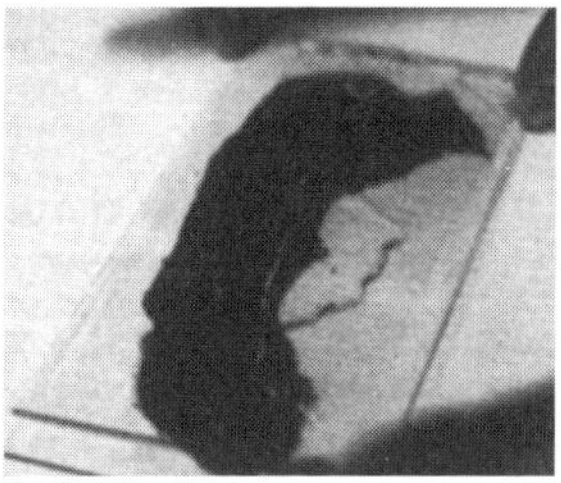

C

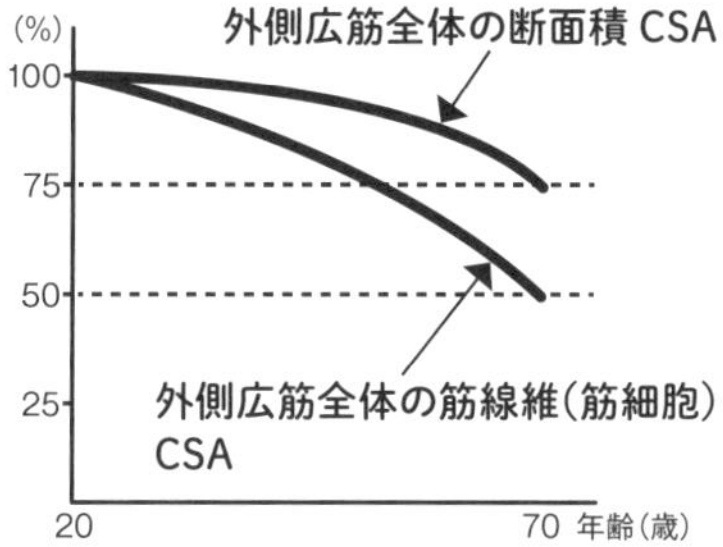

Aは若い人(32歳)と高齢者(70歳)の男性の外側広筋(太ももの筋肉の1つ)断面の顕微鏡写真(右写真の縮尺は筆者が補整)。若い人の筋細胞はすき間なく詰まっているように見えるのに対し、高齢者の筋細胞はすき間があるように見える。
Bは外側広筋の断面積(CSA)を測定するために準備された断面写真。Cのグラフは外側広筋全体の筋細胞のCSAの減量率を示す。グラフは年齢が上がるほど、筋肉量が減り、筋細胞が萎縮しているとイメージするとわかりやすい。筋細胞の萎縮のほうが低下が著しい

出典:J.Lexell.C.C.Taylor,M.Sjöström,What is the cause of the ageing atrophy? Total number,size and proportion of different fiber types studied in whole vastus lateralis muscle from 15-to 83-year-old men.Journal of the Neurological Sciences 84,275-294(1988)

とはいっても、スーパーなどで購入するお肉を買ってきて左右に振ってみても、水が外にもれ出ることはほとんどありませんよね。それは、骨格筋の中の水のほとんどは、リン脂質二重層という細胞膜に囲われた細胞内に入っているからです。

さらに骨格筋内の水は、細胞内では糖質やたんぱく質などの高分子とくっついた「結合水」という形で存在しています。この水のことを細胞内液と呼びます。

ところが歳をとると、筋細胞が委縮して、細胞内に水を貯えることができなくなってきます。

貯えられなくなった水は、筋細胞と筋細胞の間のすきまに「自由水」という形で存在することになります。この水のことを間質液、もしくは細胞間液と呼びます。

とくに歳をとった人の骨格筋の細胞膜には、アクアポリンという膜たんぱく質の発現量が少ないことが最近明らかになってきました。

アクアポリンというのは、2003年にノーベル化学賞を受賞したピーター・アグレ博士が発見した物質で、水チャネルとも呼ばれ、水を特異的に細胞内外に通すトンネルのような働きをします。

つまり老化した骨格筋細胞では、水を細胞の中に取り込むための水チャネル（アクアポリン）が減り、細胞膜の性質が低下しているのです。

このような状態になると、筋細胞が萎縮した状態になるため、筋細胞が本来の力を発揮できなくなってしまいます。

若いときにぎゅうぎゅうに詰まっていた筋肉が、年齢を重ねるとスカスカになるイメージはこのような状態のことを言います。

若いときには、筋細胞がしっかりと細胞内に水を取り込んでいて、筋内圧を高く保持しているためハリがあるのですが、不活動（運動不足）の人や中年太りの人などでは筋肉にハリがなくなってきます。

このように、骨格筋において、細胞の中の水（細胞内液）と細胞の外の水（細胞外液）の比率は大変重要です。

細胞外液に比べて細胞内液の比率が高い人では、発揮できる筋力や筋パワーも大きいですし、最大酸素摂取量という有酸素能力も高いのに対して、比率が低い人では発揮できる力も低く、身体機能も低下しています。

筋肉の質は、20～30歳をピークにして、その後、加齢にともなって低下してしまいますが、筋トレであれ、有酸素運動であれ、運動習慣のある人では、運動習慣のない人に比べて明らかに筋肉の質をよい状態で維持できます。
筋肉量も重要ですが、量だけにとらわれることなく、筋肉の質の維持や向上を目指すことが重要になってきます。

褐色脂肪細胞は大人になるとなくなる?

体脂肪として体にたくわえられている脂肪細胞は、白色脂肪細胞と褐色脂肪細胞の2種類に分けることができます。その名のとおり、白色脂肪細胞は白く、褐色脂肪細胞はベージュ色をしています。

白色脂肪細胞が存在するのは皮下や内臓、すなわち皮下脂肪や内臓脂肪としてたくわえられる細胞です。

一方、褐色脂肪細胞はおもに鎖骨付近や胸まわりに存在し、脂肪を燃やして熱を産生する働きがあります。

ところが、褐色脂肪細胞は新生児の頃にもっとも多く、20歳くらいまでは存在しているのに、30~40歳代の中年期になるとほぼなくなってしまうのです。これもまた、中年太りの原因の1つと考えてよいでしょう。

ただ、褐色脂肪細胞は寒冷曝露を受けると活性化されるという説があります。これはまだはっきりと証明はされていないのですが、これまでの研究、例えば、アメリカのあるデータによると、寒い環境下でも代謝（基礎代謝）は上がらないこともあるとされています。

しかし、私たちが発表した論文では、発展途上国の寒い地域では代謝が上がることが明らかになっています。

また、温かい地域に住む人との比較でも、暖房などの影響をとりのぞくと、やはり暖かい国の人のほうが代謝は低く、寒い地域の人のほうが高いことがわかりました。つまり、生まれた環境によっても、平均的な代謝は異なるということです。

さらに、寒い地域でも、近代化が進んでいれば、冬は暖房が効いた生活に変化しています。つまり、寒冷曝露を受けることが少なくなっているので、寒い地域に住んでいても、代謝が上がりにくくなっていると考えられます。

寒い環境に身を置くと、体を温めるために体内で熱をつくろうとします。これをC・I・T（寒冷誘導熱産生）といい、褐色脂肪細胞が関わっているとされています。

ちなみに、食事をするときにも熱がつくられますが、こちらはD・I・T（食事誘発性熱産生）といいます。

ともあれ、寒さの刺激を受けたほうが、代謝が上がって中年太りになるリスクが減らせる可能性があるということになります。

欧米ではクリスマスに太りやすい

ところが現実はその逆で、体重は冬になると増えやすいことがわかっています。これを「ホリデー・ウエイト・ゲイン」（休日による体重増加）といいます。

海外の研究では、クリスマスの頃に太ることがわかっています。欧米にはクリスマス休暇というものがあり、12月20日前後から年が明ける頃まで休暇をとる習慣があります。この期間はごちそうを食べるので、体重が増えるのです。

ただし、クリスマスの前後にごちそうを食べる習慣には理由があります。暖房が今ほど快適ではなかった昔の生活を想像してみてください。先ほど寒冷曝露を受けると代謝が上がるといいましたが、代謝が上がれば上がった分を補うため、たくさんカロリーを摂らなければ寒い冬を乗り切れません。

日本でも薪ストーブが暖房だった時代では、冬に向けて薪割りなどの特別な労働がありました。普段はやらない労働が必要になることによって、消費エネルギーも増えるので、しっかり食べる必要があったのでしょう。

「食欲の秋」という言葉がありますが、これもエネルギー消費量が増す季節に向けて、いっぱい食べておこうという生活習慣から来た言葉ではないでしょうか。つまり、食欲の秋には理由があるというわけです。

漬けものなどの保存食を仕込むのも秋から冬にかけてです。そして、お正月にはごちそうを食べていました。

冬にたくさん食べる文化は世界中にあります。文明が発達する以前から、飢餓に備えるために、寒い季節はたくさん食べる生活をしてきたのだろうと考えられます。そうしないと人類は生き延びることができなかったでしょう。

それが現代になって、冬でもぬくぬく暮らせるようになっても、いっぱい食べる習慣だけは変わらないので、冬に体重が増えるのではないかと推察しています。

日本はお正月やGWに太る

日本のホリデー・ウエイト・ゲインは、年末年始の休暇でしょう。「正月太り」という言葉があるくらいですから、年末年始に太りやすいということは、みなさんも知っていると思います。

休暇の時期は、食べる量が増える一方、運動量も減るので体重が増えやすいのです。いわゆる「食っちゃ寝」の生活が体重を増やすわけです。

体重が増え、その増えた分が消費できずに、次の休暇に持ち越されることで、体重が増えていきます。

さらにホリデー・ウエイト・ゲインは、週単位でも起こっています。左ページのグラフは、1週間の体重の変動パターンと、1年間の変動パターンを示したものです。

1週間では週末から土日にかけて体重が増え、1年間では12月に体重が増えているのがわかります。

土日に体重が増えるのは、週末にごちそうを食べてカロリーオーバーになることと、休

週ごとの体重変化

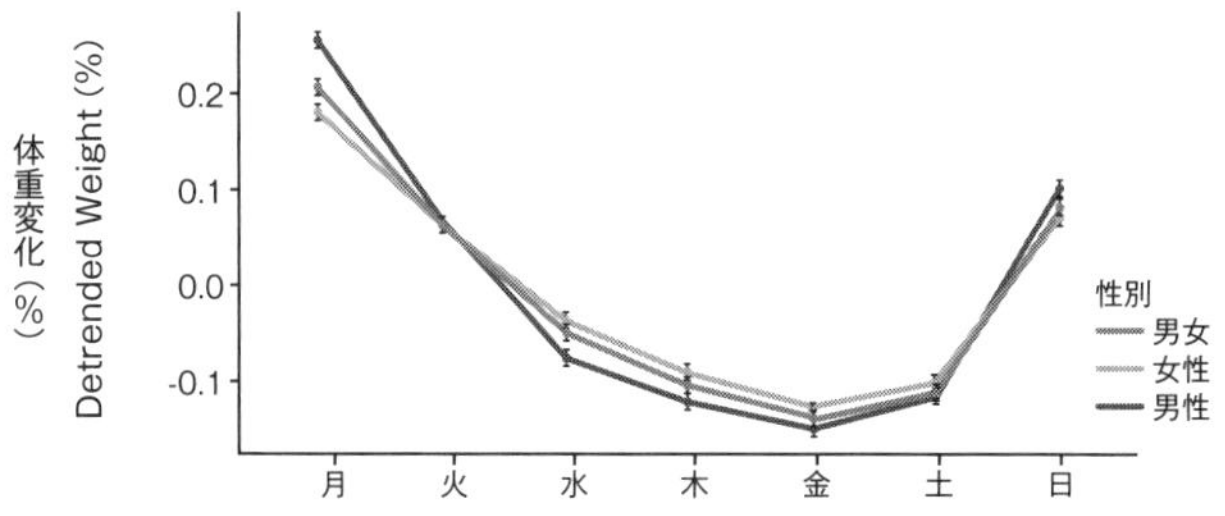

クリスマス前後の体重変化

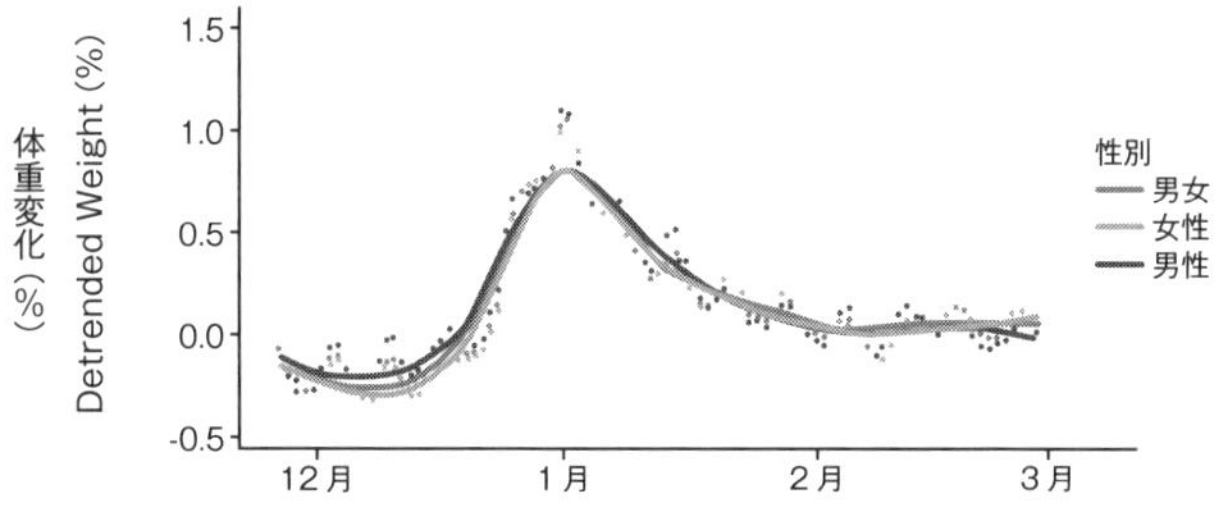

上は1週間の体重変化。月曜から金曜にかけて体重が減り、土曜と日曜に上昇。下はクリスマス前後の体重変化。12月半ばから体重が上昇し、1月になると下がるが、2月になっても元の体重には戻っていない

原題：Weekly, seasonal and holiday body weight fluctuation patterns among individuals engaged in a European multi-centre behavioural weight loss maintenance intervention（ヨーロッパの多施設の行動的減量維持介入に参加している個人における、週ごと、季節ごと、休日ごとの体重変動パターン）
出典：PLOS ONE https://doi.org/10.1371/journal.pone.0232152 April 30,2020

日になると活動量が減るからでしょう。

それを次のウィークデーで元に戻せればよいのですが、戻せないとその分が少しずつ蓄積していきます。

また長期休暇に目を向けると、日本では年末年始のほか、5月のゴールデンウィーク（GW）にも体重が増えるというデータがあります。

こうした「長期休暇をどのように過ごすか？」ということも、中年太りを防ぐためのポイントの1つになるでしょう。

人生には太るタイミングがある

結婚して太る人のことを「幸せ太り」といいますね。結婚する前は食事が不規則だった人が、料理上手なパートナーと一緒に生活すると、カロリーオーバーになって体重が増えてくるといった理由が考えられますが、結婚だけでなく、人生にはいろんな太るタイミングが存在します。

学生時代は運動部に入っていた人が、就職を機に体重が増えるというのもよく聞く話です。この場合は、スポーツをやめたことで、消費エネルギーが少なくなった可能性があります。

私自身は学生時代、体育会のラクロス部に入っていました。男子のラクロスは「格闘球技」といわれるくらい激しいスポーツなのですが、29歳でやめてしまいました。

それも理由の1つだと思うのですが、35歳くらいから体重が増えてきたのを実感しました。そこで、最近では週末にテニスで汗を流すようにしています。週末にこういったスポーツをすることで、土日のホリデー・ウエイト・ゲインも解消できると考えたのです。

1人暮らしを始めてから太るという人もいます。例えば、学生時代は寮生活で、食事がきちんと管理されていたのに、1人暮らしで好きなものを好きなだけ食べるようになって太るというようなことがあるのではないでしょうか。

大学に入るときは18歳ですから、基礎代謝がピークの頃です。それが4年間で下がってくるので、その差分が仮に50キロカロリーとしても、その後もそのカロリーオーバー分を減らすことができなかったり、消費する機会も減るとしたら、それが積み重なっていって、体重が増えていくと考えられます。

これらのケースは、今後、科学的に検証していかなければなりませんが、ここでいいたいことは、人生には太るタイミングがいろいろあるということです。

過去30年間で代謝が減少

本章の最後に、1980年以降の30年間の総エネルギー量がどのくらい変化したのかを、科学的に検証したデータを紹介します。私も参加した研究ですが、23年4月に『ネイチャー・メタボリズム』という学術誌に論文が発表されました。

タイトルは「過去30年間で1日の総エネルギー消費量が減少した」（原題と出典は44ページ）で、私も研究に参加しています。

本章の冒頭で、年齢による総エネルギー消費は、20〜60歳ぐらいではほとんど差がないということをお話ししました。それとは別に、過去30年の時間軸で見ると、あらゆる年代において、基礎代謝が減少していることがわかったのです。

この研究は、アメリカとヨーロッパの成人のエネルギー消費量（分析対象となったのは4799人）に関する国際的なデータベースを使用して、総エネルギー消費量と基礎エネルギー消費量（基礎代謝）のパターンを調査したものです。

それによると、男女ともに体組成と年齢を調整した総エネルギー消費量は、80年代後半以降減少する一方、活動エネルギー消費量は時間の経過とともに増加していました。

つまり、この30年間で見ると、人類は活動によるエネルギー消費量が増えたにも関わらず、総エネルギー消費量が低下しているのです。ということは、基礎代謝が減少していることになります。

その原因として推測されるのは、免疫の差です。新型コロナウイルス感染症のパンデミックを経験した直後なので実感しにくいかもしれませんが、現代は70年代より前の時代に比べると、感染症はずいぶん少なくなりました。かつては深刻な感染症であった結核も、今ではほとんど見られません。

そういう時代になると、ヒトは免疫をそれほど高い状態にもっていく必要がないのです。逆に、いろんな感染症が蔓延していた時代は、免疫を高い状態にしておく必要がありました。

免疫が高い状態になると体温は高くなります。昔の水銀柱を用いた体温計は、37度のところが赤くなっていますが、これは37度が平熱であることを意味しています。今なら37度では「微熱がある」といわれてしまいますね。実際、過去の論文を調べると、平均体温が今より0・5度くらい高いことが確認できました。

子どもの頃は、感染症予防のためにいろんなワクチンを打ちますが、それによって免疫をそれほど高い状態にしなくてもよくなった、という理由もあると思います。

これもまた環境がよくなって、体が感染症に対して過剰に反応する必要がなくなったということでしょう。

いずれにしても、30年前に比べると基礎代謝量が減ってしまったことは事実です。年齢による基礎代謝は変わらなかったものの、時代で見ると基礎代謝は落ちているのです。それが中年太りの原因の1つになっていることは間違いないでしょう。

逆にいえば、現代は中年太りしやすい時代であるともいえます。そのために、体にも悪い影響が出始めています。そこで次章では、中年太りのリスクについてお話ししたいと思います。

原題：human basal metabolic rate has declined over the past 30 years
出典：Nature Metabolism volume 5, pages 544-545（2023）

第2章

体重が増えると病気になりやすい

サルも中年太りになる

中年太りのような肥満は、老化を促進して、さまざまな病気のリスクを高めるといわれています。

この説が正しいのであれば、肥満を予防することによって、老化を遅らせ、病気のリスクを下げることが可能だということになります。

そこで紹介したいのが、アカゲザルを用いた研究です。アカゲザルは人間に近い実験動物で、医学のさまざまな研究に用いられています。

アメリカのウィスコンシン大学では、80年代からアカゲザルを用いた老化に関する研究を行っており、２００９年には『サイエンス』にも論文が掲載されています。

その1つを私がメインで担当したことがあり、13年に論文を発表しました。タイトルは「アカゲザルの長期的なカロリー制限は、運動の代謝コストを低下させ、加齢による身体活動の低下を防ぐ」です。（原題と出典は76ページ）

カロリー制限を行うと肥満が予防できますが、これまで1年以内のカロリー制限がヒトやヒト以外の霊長類の身体活動と代謝率を低下させることは報告されていました。しかし、長期にわたって調べた研究はあまりありません。

そこで、アカゲザル（以下、サル）を用いて長期的なカロリー制限が代謝や身体活動に与える影響を調べることにしたのです。

2つの群に分けたサルのうち、1群は自由にエサが食べられるようにし、もう1群は腹八分目ぐらいになるようにエサを管理してカロリー制限を行いました。

すると、自由にエサを食べられるようにしたサルは、過食によって体重が増えていき、太っていきました。年単位で見ると、だんだん体重が増えていくので、サルにも中年太りがあるということになります。

一方、食事量を管理したサルのほうは、体重が増えることはなく、最初に少し体重が減ったのち、ほぼ一定の状態を維持しました。

おもしろいことに、この過食による肥満は、霊長類の特徴のようなのです。一般的なマウスの場合、いくらでも食べられるような環境に置いても、マウスはエサを残すので、肥満にはならないといわれています。つまり、マウスはエサがいっぱいあっても自制できるのです。

ところが、霊長類であるサルは、ヒトと同じく前頭葉が発達しているので、自制できず、食べすぎてしまうのかもしれません。

また、実験に用いたサルはケージの中で飼育しています。つまり、ケージの中でしか動けないので、運動不足のサルということになります。

そうせざるをえなかったのは、ケージに入れて1頭飼いにしないと、正確に摂取カロリーを記録できないからです。何頭か一緒にすれば、他のサルのエサを食べることもあるので、1頭飼いは必要条件でした。

実験当初、ケージ飼いすると運動不足になることまでは意識していませんでした。しかし、結果的にこの研究では、過食（カロリーオーバー）と運動不足（活動量の不足）による肥満、すなわちヒトの現代社会を模した実験になりました。

中年太りのサルは短命

肥満したサルは、フレイル（虚弱）になりやすい傾向もみられました（2018年の論文）。フレイルについては、第5章で詳しく述べますが、ここでは老化によって体が弱った状態だと理解しておいてください。

人間がフレイルになると歩くのが遅くなったりしますが、サルもフレイルになると動きが遅くなり、活動量も減少していきます。

そうなるまでには2つのパターンがあります。1つは、過食を続けて、どんどん太っていくパターンですが、これは意外に少ないのです。

もう1つは、ある程度太った後、やせてくるというパターンです。体脂肪の量はずっと高いままなのに、筋肉量が減ってくるので、結果的に体重が落ちてきます。そして、だんだん動かなくなり、最後はエサを食べるときくらいしか、体を動かさなくなります。結果的に、寿命も短くなります。

また、これまでの研究で、自由に食べさせて肥満になったサルは、加齢性疾患になりやすいということがわかっています（2009年『サイエンス』）。

加齢性疾患というのは、人間でいえば高血圧や糖尿病などの生活習慣病です。また、運動に関する領域の脳萎縮が起こりやすいこともわかっています。つまり、肥満になったサルは認知症にもなりやすいということになります。

一方、長期的にカロリー制限をしたサルは、寿命を延ばし、糖尿病や免疫の老化、高血圧、がん、脳萎縮などが起こりにくいことがわかっています。
人間も中年太りを改善させることで、このような病気が予防できる可能性が明らかになったといえます。

なぜ中年男性はお腹が出る?

男性の中年太りの特徴というと、お腹が出てくることでしょう。見た目が気になるのも、このポッコリとしたお腹です。

第1章では、1日10キロカロリーオーバーでも、20年後には10kgの体重増になるといいました。20キロカロリーオーバーなら、10年で10kg増になります。増えた体重は、皮下脂肪に加え、内臓脂肪の重さです。

内臓脂肪は、飢餓状態に直面したときのためにたくわえるエネルギー源です。大昔の人類は、現代のようにいつでも食事が摂れる状況にはなかったので、エネルギーを脂肪にしてたくわえておくシステムが必要でした。

たくわえられた内臓脂肪は、飢餓のときに燃やしてエネルギーにすることができます。

しかし、現代はいつでも食べられるので、消費できなかったエネルギーは増えていくばかりです。それが男性の場合は、ポッコリと出たお腹となっていくわけです。

これに対して、女性はもともと女性ホルモンの働きにより、内臓脂肪ではなく、皮下脂肪として蓄積されやすいのです。

中年太りというと、お腹がポッコリと出た肥満を想像しがちですが、男性のほうがこの状態になりやすいわけです。

しかし、女性も中年太りをしないわけではありません。「はじめに」で述べたように、男性の中年太りの多くが40歳前後から始まるのに対して、女性の中年太りは、50歳前後から始まります。

女性は更年期から中年太りに

お腹が出るような肥満を中年太りとするなら、女性は50歳前後から始まるということになりますが、若い頃は、女性のほうが男性よりも脂肪（特に皮下脂肪）がつきやすいです。

例えば、女性のフィギュア選手の多くは、15歳ぐらいでピークを迎え、その後、脂肪がついてくることが多いといわれています。ピーク時にはできた4回転ジャンプが、15歳を過ぎた頃から体重が増えてできなくなる選手もいました。

これは、主に女性ホルモンの働きによるものですが、同時に男性よりも女性は基礎代謝や総エネルギー消費量が低いことも要因の一つです。

ただ、女性の場合は、皮下脂肪が増えていくので、全体的にぽっちゃりすることはあっても、お腹が目立って出てくることはあまりありません。

これに対して、男性は基礎代謝や総エネルギー消費量が高いので、25～30歳ぐらいの期間は、たくさん食べても脂肪がつきにくい時代が続きます。男性のフィギュア選手が女性選手に比べて、選手寿命が長いのは、この男女の体質の違いが原因かもしれません。

しかし、一般の男性なら25～30歳の頃の食習慣をそのまま続けていると、30代から少しずつ体重が増えてきます。

このように、食べて体に脂肪がつくようになるのは、実は女性のほうが男性よりも早いのです。

問題なのは、女性もホルモンの働きが弱くなることで、50代くらいから、お腹がポッコリ出た肥満になりやすいということです。

個人差はありますが、おおむね女性は50歳前後に閉経を迎えます。この前後10年くらいを更年期といいますが、この時期は卵巣の機能が低下して、女性ホルモン（エストロゲン）の分泌が急激に減少します。

それが原因で、ホルモンバランスが崩れ、ホットフラッシュ（顔などのほてり）や肩こり、めまい、頭痛といった更年期障害の症状が現れる人もいます。

さらに、エストロゲンが減少すると、内臓脂肪がつきやすくなって、お腹がポッコリ出てくる人もいます。

もともとエストロゲンには、脂肪の燃焼を促す働きがありますが、更年期になると、その働きが弱くなってしまうのです。

その結果、更年期以降は女性も中年太りになりやすいというわけです。更年期になってから、少しずつ体重が増えていくので、女性の中年太りは50代後半とか60代になってからポッコリお腹が目立つようになります。

よい中年太りと悪い中年太り

日本では成人の場合、ＢＭＩ25以上は肥満、ＢＭＩ30以上は危険な肥満とされています。ただ、30未満なら問題ないのかというと、そうではありません。とくにＢＭＩが25～29でも、運動不足の人は、危険な肥満になっている可能性があります。

危険な肥満というのは、病気になりやすい肥満かどうかということです。ちなみに、標準値とされるＢＭＩ22の前後は、もっとも病気になりにくいとされています。

この場合の病気とは、高血圧や糖尿病などの生活習慣病です。中年太りのような肥満はこれらの病気のリスクが高くなるため、健康によくないとされているのです。

しかし、第1章で述べたように、ＢＭＩは身長と体重だけで求められる値にすぎません。研究のためには便利な数値なのですが、ＢＭＩだけでは筋肉と体脂肪の割合を知ることはできないのです。

例えば、ＢＭＩが30以上であっても、アスリートのように筋肉量が多く体脂肪が少ないと、生活習慣病の心配はあまりありません。

中年になってから、筋トレなどのトレーニングを始めて、その結果、体重が増えているのであれば、それはよい中年太りなのかもしれません。

それに対して、体脂肪が多くて筋肉量も少なく、お腹が出ているような太り方をしたのであれば、悪い中年太りの可能性が高いといえるでしょう。

メタボリック・シンドロームとは何か？

日本では08年から、40歳〜74歳の人に対し、特定健康診査（通称、メタボ健診）が行われています（75歳以上は後期高齢者医療健康診査）。

メタボ健診が始まった頃は、「メタボ」という言葉は珍しかったようですが、今ではメタボという言葉を知っている人は国民の9割を超えているといわれています。でも、その中身についてはどのくらい理解されているでしょうか。

メタボは、メタボリック・シンドローム（代謝異常症候群）の略称です。代謝異常が起こる原因は、過剰な内臓脂肪の蓄積だとされています。

内臓脂肪がどのくらいついているかを推定するために、メタボ健診ではウエスト周囲径

（腹囲）を測ります。

腹囲が男性85㎝・女性90㎝以上、かつ生活習慣病の数値が2つ以上、基準値から外れた場合に、メタボと診断されます。

生活習慣病の数値とは、高血圧、糖尿病、脂質異常症の数値です。このうち、2つ以上があてはまればメタボです。左ページにメタボの診断基準をまとめたので、参考にしてください。

注目してほしいのは、メタボの基準は3つの生活習慣病の基準値よりも厳しい数値になっていることです。

例えば、高血圧の基準値は、最大血圧（収縮期血圧）が１４０㎜Hg以上、最小血圧（拡張期血圧）が90㎜Hg以上ですが、メタボの基準値はそれぞれ１３０㎜Hg以上と85㎜Hg以上となっています。

つまり、血圧の数値が高くてメタボと診断された人は、「肥満を改善しないと、いずれ高血圧になってしまいますよ」という段階の人なのです。

糖尿病や脂質異常症も同じで、何の対策もとらないと、病気になってしまう可能性があるということになります。

メタボリックシンドロームの診断基準

ウエスト周囲径（腹囲）

男性 85cm以上　　女性 90cm以上

＋

以下の3つの項目のうち2つ以上

脂質異常	高中性脂肪血症:中性脂肪（トリグリセライド）150mg/dℓ以上 かつ/または 低HDLコレステロール血症:HDLコレステロール 40mg/dℓ未満
高血圧	最大血圧（収縮期血圧）130mmHg以上 かつ/または 最小血圧（拡張期血圧）85mmHg以上
高血糖	空腹時血糖値　110mg/dℓ以上

高血圧や糖尿病、脂質異常症になる前に、「メタボの段階で治してしまおう」というのが、メタボ健診の目的です。肥満によって引き起こされる怖い病気を早期発見することで、攻めの治療ができるわけです。

内臓脂肪が増えると悪玉物質も増える

第1章で、脂肪細胞には褐色脂肪細胞と白色脂肪細胞があることをお話ししました。褐色脂肪細胞が脂肪を燃焼させる働きがあるのに対し、白色脂肪細胞は余ったエネルギー（カロリー）を中性脂肪としてたくわえる働きがあります。

内臓脂肪は白色脂肪細胞の集まりで、一つひとつの白色脂肪細胞に脂肪がたくわえられ、ふくらんでいきます。その結果、おなかが出てくるわけです。

また、白色脂肪細胞からはアディポカイン（アディポサイトカインともいう）という物質が分泌されています。

アディポカインには、体によい働きをする善玉アディポカインと、体に悪い働きをする悪玉アディポカインがあります。

そして、内臓脂肪が増えてくると悪玉アディポカインの分泌が増え、内臓脂肪が少なくなると善玉アディポカインの分泌が増えるという特徴があります。

この悪玉アディポカインが、血圧や血糖値を上げたり、コレステロールや中性脂肪などの脂質代謝を乱れさせたりするとされています。

中年太りでお腹が出てくる人は、この悪玉アディポカインの働きによって、生活習慣病のリスクが高くなっているわけです。

ただし、メタボ対策をやりすぎると、筋肉まで減らしてしまう危険性があります。とくに65歳以上の高齢者の場合、体重を減らしすぎると、前述のフレイル（虚弱）のリスクが上がってしまいます。

そのため、私は積極的にダイエットしたほうがよい年齢と、そうではない年齢を分けて考えることにしています。その分かれ目が65歳です。

実は65歳を超えると、BMI22・5～27・5くらいの小太りのほうが長生きだというデータがあるのです。これについては、第5章で詳しく述べることにします。

いずれにしても、40～50歳代の中年太りは、早めに手を打つべきです。そこで、次ページからは中年太りによって起こる怖い病気について詳しく説明したいと思います。

脳卒中・心筋梗塞

脳卒中（脳血管疾患）と心筋梗塞などの心疾患は、肥満が関わるもっとも怖い病気に数えられます。

最近の日本人の死亡原因のランキングは、2位が心疾患14・8％、4位が脳血管疾患6・8％。両者を合わせると21・6％になります。

ちなみに、1位は悪性新生物（がん）24・6％で、3位は老衰11・4％です（いずれも22年の人口動態統計月報年計の概況より）。

脳卒中と心筋梗塞は、動脈硬化と呼ばれる血管の老化が大きな原因となって発症します。そして肥満は動脈硬化のリスクを高めます。

前述のように、肥満でメタボと診断されると、高血圧や糖尿病、脂質異常症のリスクが高まります。

この3つの病気に共通するのは、動脈硬化を進めることです。動脈硬化を起こした血管は破れたり詰まったりしやすくなります。

脳卒中には、脳出血と脳梗塞があります。脳の血管が破れるのが脳出血やくも膜下出血で、脳の血管が詰まって起こるのが脳梗塞です。脳卒中の中では脳梗塞の割合がもっとも高く、約3分の2が脳梗塞だとされています。

一方、心筋梗塞は心臓に血液を送る太い血管（冠動脈）が詰まることによって起こります。突然死の原因で一番多いのが心筋梗塞だといわれています。

血管が詰まると、そこから先にある細胞に酸素を送ることができなくなります。ヒトの細胞は酸素がないと生きていけないので、血管が詰まった先の細胞は壊死して機能しなくなってしまうのです。

脳梗塞では、死に至らないまでも、半身まひや言語障害などの後遺症が残ることが多く、そうなると介護生活が避けられなくなります。

脳卒中と心筋梗塞が怖いのは、突然発症することが多いことです（まれに前触れがある場合もある）。

つまり、脳卒中や心筋梗塞を防ぐには、予防するしかありません。健康診断でメタボと診断されたなら、まずは肥満を改善して、動脈硬化のリスクを下げることが予防になるのです。

中年太りが気になっている人で、健康診断を受けていない人は、まず健診を受けて、自分がメタボであるかどうかを知ることが重要です。

高血圧

高血圧は、安静時の血圧が慢性的に高い状態をいいます。高血圧になると、血管に絶えず強い圧力がかかるため、血管の内皮細胞が傷ついたり、柔軟性が失われて動脈硬化が進みやすくなります。

高血圧の原因はさまざまあります。例えば、塩分の摂りすぎもその1つ。喫煙や飲酒、運動不足も高血圧の原因になります。

なかでも近年増えているといわれているのが肥満による高血圧です。メタボが原因の高血圧ということになります。

高血圧を放置すると、前述したように、脳卒中や心筋梗塞のリスクが高くなります。高血圧になっても自覚症状はほとんどないので、家庭用の血圧計で毎日血圧を測り、血圧をコントロールすることが予防には有効です。

病院で医師が血圧を測るときは、ストレスがかかることが多いため、家庭で測る血圧よりも高めになることがあります。

そのため、家庭血圧の基準値は診察室血圧（140／90㎜Hg未満）よりも厳しい数字になっています。

ではどのくらいかというと、実はメタボの血圧の基準値と同じで、135／85㎜Hg未満です。メタボと診断された人は、血圧がこの数値を超えないように、血圧をコントロールするとよいでしょう。

高血圧の予防に欠かせないのは減塩です。厚労省の『日本人の食事摂取基準2020年版』の1日の目標摂取量は、成人男性7.5g未満、成人女性6.5g未満となっています。ですから、血圧が高めの人は、まず減塩を始めるとよいでしょう。

ラーメンやうどんなどの汁をぜんぶ飲むと、それだけで6g近い塩分を摂ってしまうといわれています。これでは目標量以内にすることは不可能です。

おかずに味がついているのに、しょうゆやソースをかけてしまう人は、かけずに食べることを習慣にするのもよいでしょう。

もちろん、メタボで血圧が高くなっている人は、肥満の改善も同時に行うことが血圧コントロールには重要です。

脂質異常症

脂質異常症は、血液中の脂質の値が基準値から外れた状態をいいます。血液中の脂質には、ＬＤＬコレステロール（一般に悪玉コレステロールと呼ばれる）、ＨＤＬコレステロール（一般に善玉コレステロールと呼ばれる）、中性脂肪（トリグリセライドと表記することも）があります。

これらの脂質は動脈硬化の促進と深く関わっていて、悪玉コレステロールや中性脂肪が多かったり、善玉コレステロールが少ない状態が続いていると、脳卒中や心筋梗塞のリスクが高くなります。

メタボの診断基準に用いられるのは、善玉コレステロールと中性脂肪ですが、悪玉コレステロールは、それだけで動脈硬化を進行させるので、メタボの診断の有無に関係なく、悪玉コレステロールの値にも注意しなければなりません。

悪玉コレステロールが高くなる原因として、飽和脂肪酸の摂りすぎがあります。飽和脂肪酸は牛肉や豚肉の脂身やバター、パーム油などに多く含まれています。

また、悪玉コレステロールは、卵の黄身などに含まれるコレステロールを摂りすぎると高くなるといわれていました。

ただし、その影響は飽和脂肪酸と比べると少ないため、現在の『日本人の食事摂取基準』ではコレステロールの上限値を設けていません。

しかし、だからといって無制限に卵を食べてよいということではありません。食べる量を減らすことで、悪玉コレステロールが下がるという人もいます。

中性脂肪が高くなるのは、エネルギー（カロリー）の摂りすぎです。とくに甘いお菓子や炭水化物、油の摂りすぎなどによって中性脂肪は上がりやすくなります。

なお、最近の脂質異常症の診断基準には、Ｎｏｎ－ＨＤＬコレステロールというものも加えられました。

Ｎｏｎ－ＨＤＬコレステロールは、総コレステロールから善玉コレステロールを除いた値です。食後の採血でも値が左右されないことから、中性脂肪を含めた悪玉脂質の総和の指標として用いられるようになりました。

脂質異常症は、高血圧と同様、自覚症状がありません。しかも、血圧のように自宅で測ることができないので、健康診断で数値を知っておくことが大事です。

もちろん、メタボで中性脂肪や善玉コレステロールの値が基準値から外れているなら、体重を減らすことも脂質異常症の改善につながります。

糖尿病

糖尿病はすい臓から分泌されるインスリンというホルモンの働きが弱くなったり、インスリンそのものの分泌が低下することで、慢性的に高血糖の状態が続く病気です。

タイプには1型糖尿病と2型糖尿病があります。1型は自己免疫疾患などが原因で、すい臓のインスリンを分泌する細胞が破壊されてしまうタイプ、2型は過食や運動不足などの生活習慣によって発症するタイプです。

メタボによって発症するのは、2型糖尿病（以下、糖尿病）で、現在の日本では成人の6人に1人が糖尿病であるとされています。

高血糖が続くと、血管壁が壊れやすくなったり、血管が詰まりやすくなって、動脈硬化を進めます。つまり、糖尿病もまた脳卒中や心筋梗塞のリスクを上げるのです。

しかし、糖尿病が高血圧や脂質異常症と異なるのは、脳卒中や心筋梗塞のリスクを上げるだけではないことです。

糖尿病になると、最初に細い血管の動脈硬化が進みます。その結果、細い血管が集まっている目（網膜）や腎臓、神経などに障害が現れます。糖尿病網膜症、糖尿病腎症、糖尿病神経障害の３つは、糖尿病でよく起こる３大合併症と呼ばれています。

糖尿病網膜症が進むと、視力がだんだん低下して見えにくくなり、失明することもあります。

糖尿病腎症は、腎臓の血液をろ過する機能がだんだん低下する合併症です。腎臓の機能が著しく低下したときは透析療法をしなければなりません。現在、新たに透析療法を始める患者でもっとも多いのは糖尿病腎症です。

糖尿病神経障害は、神経が障害されることで、手足のしびれなどの症状が出ます。また、神経がまひして痛みや熱への感覚が鈍くなり、やけどやケガに気付かず、悪化させてしまうこともあります。このほかにもさまざまな神経障害の症状があります。

これらは細い血管の動脈硬化によって現れる合併症ですが、糖尿病が進行すると、やがて太い血管の動脈硬化も進みます。そして起こるのが脳卒中や心筋梗塞です。

それだけではありません。下肢の太い血管の動脈硬化が進むと、閉塞性動脈硬化症という合併症を起こすことがあり、足が冷えたり、歩くと足に痛みが出るといった症状が出ます。最悪の場合、足を切断しなければならないこともある怖い病気です。

高血糖でメタボと診断された人は、糖尿病になるリスクも当然高くなります。それを防ぐには、体重を減らして肥満を改善することがやはり重要です。

高尿酸血症（痛風）

尿酸値が高くなると、痛風になるというのは聞いたことがあると思います。尿酸は、プリン体（細胞に含まれる成分）が代謝されてできる物質で、つねに一定量がつくられるとともに、一定量が腎臓から尿として排泄されることでバランスが保たれています。

しかし、プリン体を含む食品の摂りすぎや、腎臓からのプリン体の排泄力低下などにより、血中の尿酸濃度が異常に高くなるのが高尿酸血症です。尿酸値が7．0㎎／dℓ以上になると高尿酸血症と診断されます。

高尿酸血症を放置すると、母趾（足の親指）の付け根などに激痛が起こる痛風発作のリスクが非常に高まります。

また、高尿酸血症は、尿路結石症を引き起こすこともあります。さらに、高尿酸血症は動脈硬化を進める疑いがあるといわれているので、脳卒中や心筋梗塞のリスクを上げる可能性もあります。

メタボ健診の診断基準にはありませんが、高尿酸血症と肥満には強い関連性があるといわれています。

その理由の1つとして、プリン体の過剰摂取があります。プリン体はほとんどすべての食品に含まれるので、過食をすると相対的にプリン体の摂取が多くなります。

また、内臓脂肪が蓄積されると尿酸が多くつくられるという報告や、高血糖でインスリン抵抗性（インスリンが効きにくくなる現象）が起こると、尿酸の再吸収が促進される一方、尿酸の排泄力が低下するという説もあります。

よく知られていますが、尿酸値を下げるには、ビールやレバー、魚卵といったプリン体を多く含む食品を控えることが重要です。

尿酸値は6・0㎎／dℓ以下にコントロールすることが望ましいので、尿酸値が高くなってきた人は、食べものに気をつけて予防しましょう。

そして肥満をともなっている場合は、体重を減らすことも、高尿酸血症の予防にとっては大切です。

脂肪肝

健康診断では肝機能を調べますが、肝機能が基準値を超えたときに疑われる病気の1つが脂肪肝です。

消費できずに余ったエネルギー（カロリー）の一部は、中性脂肪となって内臓脂肪や皮下脂肪、そして肝臓などにたくわえられます。

肝臓にはすぐに使えるエネルギー源として、中性脂肪がつねに存在しますが、その量が肝細胞の30％以上になると脂肪肝と診断されます。

脂肪肝になる人の多くは、メタボをともない、脂質異常症や糖尿病を合併している人も少なくないという報告があります。

肝臓は「沈黙の臓器」と呼ばれていますが、これはよほど機能が低下しないと、自覚症状が現れないことが多いからです。

脂肪肝を放置していると、やがて肝炎を起こし、肝硬変に進行することもあります。肝硬変とは肝細胞の一部が線維化して、肝臓が硬くなる病気です。一度、線維化した肝細胞は元に戻らないので、肝機能の低下が進みます。

脂肪肝は異所性脂肪の1つですが、日本人はそれほど太っていなくても、異所性脂肪がたまりやすいことがわかっています。第1章で述べたように、ＢＭＩ25未満でも、20～40％の人が脂肪肝になっているという報告があるほどです。

さらに、脂肪肝が増えてくると、内臓脂肪も増えてくるという傾向が見られます。これらの脂肪が増えるのは、男性の場合、前述した脂肪をため込むＰＰＡＲの働きが弱くなる時期である40～50歳くらいですから、中年太りをしている人は、脂肪肝や内臓脂肪がかなり増えている可能性があります

エネルギーが余っても、健康に悪さをしない皮下脂肪にバランスよく蓄積できればよいのですが、中年になると皮下脂肪にうまく蓄積できず、脂肪肝や内臓脂肪などの局所に蓄積されてしまうのです。

いずれにしても、脂肪肝も内臓脂肪も、余ったエネルギーの蓄積なので、肥満を改善することによって減らすことができます。

肥満による認知症・腎臓病

中年太りの人は、年をとってから認知症になるリスクが高くなるという研究がいくつかあります。

例えば、米国の研究では、中年期に肥満（ＢＭＩ30以上＝米国基準）や過体重（ＢＭＩ25～29・９）の人は、認知症を発症するリスクが高くなることが報告されています（出典は76ページ）。これは、40～45歳の成人１０２７６人を平均27年間追跡調査して明らかになったもので、中年期にＢＭＩが正常範囲内にある人に比べて、肥満（ＢＭＩ30以上）の人では認知症発症リスクが74％増加し、過体重（ＢＭＩ25～29・９）の人では35％増加していたことを報告しています。

中年太りの人が認知症になる理由としては、次のようなことが考えられます。まず、肥満でメタボになると動脈硬化が進むので、脳血管性認知症を発症する可能性があります。

脳血管性認知症は、脳卒中によって起こる認知症です。脳の血管が詰まって脳梗塞を起こすと、脳細胞の一部が壊死してしまうので、その部分を担当する脳の機能が失われてしまい、認知症の症状が出てくることがあります。

もう1つ、メタボから糖尿病を発症すると、アルツハイマー病（アルツハイマー型認知症）のリスクが高くなることも知られています。

アルツハイマー病は、諸説ありますが、脳内にアミロイドβ《ベータ》というたんぱく質が溜まることによって発症するとされています（アミロイドβ仮説）。

糖尿病になると、インスリンの効き目が悪くなりますが、インスリンの働きの1つに、脳内でアミロイドβがつくられないようにしたり、アミロイドβを分解しやすくする働きがあります。つまり、肥満で糖尿病になっている人は、脳にアミロイドβがたまりやすいので、アルツハイマー病のリスクが上がると考えられるのです。

このように中年太りは、認知症の危険因子であることは間違いありませんが、その一方で、高齢期のほどよい肥満は認知症の発症を防ぐ可能性があるという報告もあります。

これについては、前述のフレイル（虚弱）が関連していると考えられています。高齢になって体が弱って社会から孤立することで認知症を発症するというものですが、詳しくは第6章でお話しします。

いずれにしても、将来、認知症を発症するリスクとなるのは、中年期の肥満、つまり中年太りです。年をとってからの認知症を避けたいと思ったら、今の肥満を改善することが重要であるということです。

この他、肥満で腎臓病のリスクが高まることも知られています。慢性腎臓病（ＣＫＤ）という病名がありますが、これは慢性に経過するすべての腎臓病を指す言葉です。なかでもＣＫＤと関係が深いのがメタボだとされています。メタボから高血圧や脂質異常症、糖尿病に進むと、ＣＫＤの発症や進行の危険因子になるからです。放置すると腎機能がどんどん低下して、最悪の場合、透析療法が必要になる可能性があります。

ただし、ＣＫＤは早期発見すれば回復可能なので、健康診断を受けることが重要です。やはり中年太りを早めに改善しておくに越したことはありません。

ひざ関節などの痛み

中年太りによって、将来、引き起こされる可能性のある症状の1つに、ロコモティブ・シンドローム（運動器症候群、通称ロコモ）があります。

ロコモは、加齢にともなう筋力の低下や関節、脊椎（背骨）の病気、骨粗しょう症などによって運動器の機能が衰え、要介護や寝たきりになったり、その危険性が高い状態を表す言葉です。

なかでも肥満と関係が深いのは関節障害です。人が立ったり、歩いているとき、ひざ関節や股関節は上半身の体重を支えています。つまり、体重が重いほどこれらの関節には大きな負担がかかっていることになります。

体重が重くても、アスリートのように筋肉がガッチリあれば、筋肉によって関節への負担を減らすことができます。

しかし、十分な筋肉がなく、体脂肪が増えて体重が増加してくると、関節への負担が大きくなってしまいます。ひざ関節を例にすると、ひざ関節への負担が続くと、関節が変形して、ひざに痛みが出てきます。こうした症状を、変形性膝関節症といいます。

変形性膝関節症が進むと、階段の上り下りなどがひざの痛みで困難になり、さらに進行すると、歩いたり、座ったり、しゃがんだりするのも難しくなります。

変形性膝関節症が進んで、日常生活を送るのが困難になった場合、人工関節に置き換える手術が必要になることもあります。

ただ、こうした症状も少しずつ進んできます。逆に、中年太りを早めに改善すれば、ひざへの負担も減らせるので、変形性膝関節症の予防にもなるのです。

本章では、中年太りを放置すると、どんな病気になるのかを紹介しました。その多くは自覚症状がなく、ただちに健康被害が起こるものでありません。

しかし、症状がないからといって放置してしまうと、脳卒中や心筋梗塞のような重大な健康被害につながることもあります。

でも、この本を手に取った人はラッキーです。それは、肥満を解消することで、これらの病気のほとんどは予防できるからです。

そこで次章からは、どうすれば中年太りを改善できるのか、具体的なヒントを紹介していきたいと思います。

原題：Obesity in middle age and future risk of dementia: a 27 year longitudinal population based study

出典：BMJ volume 330 issue 7504, pages1360（2005)

第3章

どうすれば中年太りを解消できるか

中年太りしやすい人のセルフチェック

本章では、中年太りを解消するための生活習慣のポイントについて、お話ししたいと思います。なお、運動については第4章で詳しく述べますので、本章では最小限の記述にとどめています。

さて、第1章で述べたように、中年太りが起こるのは、総エネルギー摂取量が総エネルギー消費量を上回るからです。食べる量（カロリー）が、運動量（活動量）よりも多ければ、余ったカロリーが体脂肪として蓄積されます。

1日におけるその差がわずかでも、積み重なると、5年後、10年後には5kg、10kgの差となって、体型も変わり、中年太りとして認識されるようになるわけです。

そこでまず、みなさんの生活習慣が中年太りしやすいかどうかを知るため、左ページのチェックシートにあてはまるものをチェックしてみてください。

チェックが3つ以上なら要注意、5つ以上ならチェックの入った生活習慣をできるだけ改める必要があります。そうしないと、いつまでたっても中年太りは改善できません。

3つ以上なら要注意!!

中年太りリスクのチェックシート

①朝食を食べたり食べなかったりする □

②夜は晩酌しながら食べる □

③夕食をとる時間が遅い □

④おやつに甘いお菓子を食べる □

⑤カレーやラーメン、丼ものが好き □

⑥おかわり無料なら必ずおかわりする □

⑦イスに座っている時間が長い □

⑧1日30分以上歩くことは少ない □

⑨休みの日は家で過ごすことが多い □

⑩睡眠時間が6時間以下である □

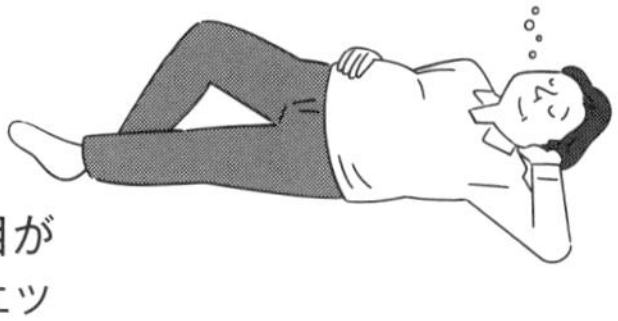

中年太りが気になる人で、チェック項目が3つ以上なら要注意。5つ以上ならチェックの入った生活習慣をできるだけ改める必要がある

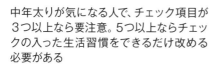

糖質制限＝水分が減っているだけ

体脂肪、なかでも中年太りの場合は内臓脂肪や異所性脂肪（脂肪肝や筋肉脂肪）が問題になります。これは第2章でお話ししましたね。内臓脂肪や異所性脂肪が増えると、生活習慣病のリスクが高くなるからです。

今はメタボ健診も行われていますし、中年太りは健康によくないことをほとんどの人が知っているので、男性も女性もダイエットへの関心が高くなっていると思います。

そんな中年太りの人たちに、ブームを巻き起こしたダイエット法の1つに「低糖質ダイエット」があります。「ロカボダイエット」とか「主食抜きダイエット」とか、いろんな名前がありますが、要するに、糖質の摂取量を減らすダイエット法です。

炭水化物は糖質と食物繊維を含む食品のことなので、低糖質ダイエットでは、甘いものだけでなく、炭水化物も減らします。

簡単に炭水化物を減らすために、おかずだけ食べて、ごはんやパンなどの主食を減らすやり方があります。このダイエットを実践しているのか、定食屋さんでごはんだけを残している人を見かけることもあります。

確かに、糖質を減らすと一時的に体重は大きく減ります。結果が出やすいので、早くやせたい人が飛びつくのでしょう。

ところが、これは水分が減っているだけのこと。どういうことかというと、糖質はグリコーゲンという形で肝臓や筋肉にたくわえられますが、ここに水分がくっついています。そして、グリコーゲンを消費すると、それにともない、水分も体の外に出て行きます。

一方、脂質は燃えても水分はほとんど減りません。「水と油」という言葉があるように、脂質にはもともと水分が少ないのです。

糖質を消費して体の外に出て行く水分量は、糖質1に対して水分が3の割合です。糖質を1g消費すれば、水分が3g出て行くわけです。

つまり、低糖質ダイエットを行うと体重が減るのは、体の中の水分が失われているからなのです。

体内にはつねに一定の水分が保持されていなければなりません。その保持されるべき水分が出て行くということは、体が脱水に近い状態になっているということになります。

このため、低糖質ダイエットで体重を減らそうとしても限界があります。そこで低糖質ダイエットをやめてしまえば、体重はすぐに元に戻ります。

低糖質ダイエットは太る？

『ネイチャーメディシン』という医学誌に掲載された論文に、低脂質の植物性食品がベースのダイエットと、動物性の食品がベースのダイエットを比較した研究があります。

前者は野菜を多くして脂質を減らす、従来の王道的なダイエット法。後者は低糖質だけど脂質が多い食事。つまり低糖質ダイエットのような食事です。

この2つのグループに分けて、ビュッフェスタイルで、好きなだけ食べてよいという方法で研究は行われました。

すると、植物性食品がベースの低脂質の食事のほうが、摂取カロリーが少ないことがわかりました。

一方、糖質制限の脂質が多いグループは、同じくらい食べていても、摂取カロリーが増えてしまいました。その理由は、1gあたりのカロリーは、脂肪が9キロカロリーなのに対して、糖質は4キロカロリーとなっているからです。

低脂質ダイエット(LF) VS 低糖質ダイエット(LC)の結果

摂取カロリーの変化

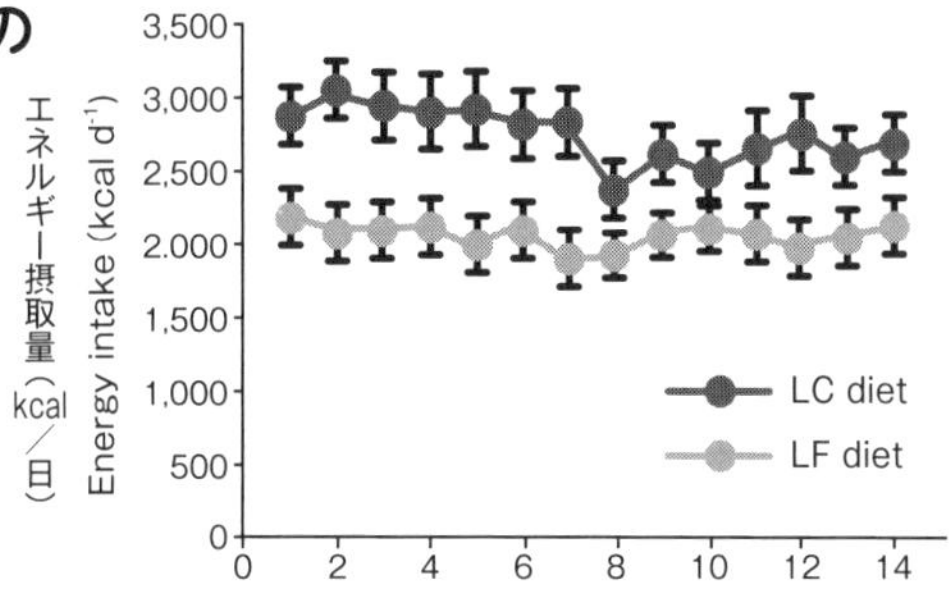

体重の変化

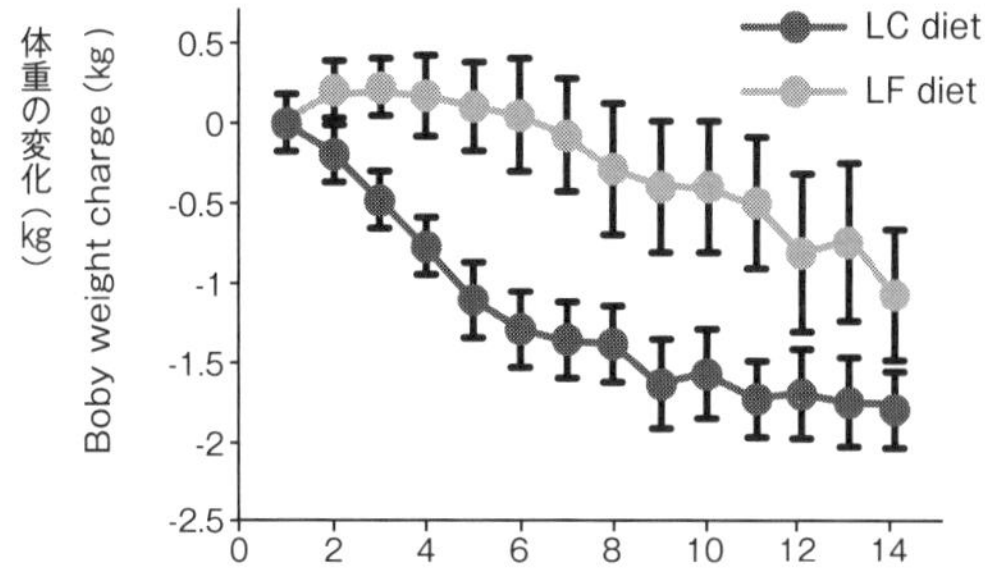

上は摂取カロリーの14日間の変化。LF（低脂質ダイエット）のほうが、LC（低糖質ダイエット）よりも摂取カロリーが少ない。下は体重の14日間の変化。短期間ではLC（低糖質ダイエット）のほうが体重は減少している

原題：Effect of a plant-based, low-fat diet versus an animal-based, ketogenic diet on ad libitum energy intake（植物ベースの低脂肪食と動物ベースのケトジェニック食が自由摂取エネルギーに及ぼす影響）

出典：Nature Medicine volume 27, pages344-353 (2021)

ここに低糖質ダイエットの落とし穴があります。糖質を減らして、脂質とたんぱく質でお腹いっぱいにしようと思うと、結果的に摂取カロリーが増えてしまうので、長期的には体重が増えやすくなってしまうわけです。

結局、低糖質の食事をしても、中年太りの解消にはそれほど効果がないということです。低糖質ダイエットをしても、総エネルギーが総摂取エネルギー消費量を超えないようにコントロールできればよいのですが、それができる人は極めて少ないと思います。

食事において、たんぱく質は重要ですが、動物性たんぱく質、すなわち肉をたくさん食べると、肉の脂（脂質）も一緒に摂ってしまうことになります。

もちろん、アスリートの食事のように、脂質の少ない鶏肉のささみだけ食べるなら、低糖質ダイエットでも効果があるかもしれませんが、誰にでもできることではありません。ですから、私は低糖質ダイエットをおすすめしていません。

もう1つ、低糖質ダイエットをおすすめしない理由があります。それは低糖質の食事を続けると、脂肪肝のリスクが高まるからです。

同じ体重でも、低糖質の食事の人とそうでない人では、脂肪肝の割合が増えるというデータがあります。

脂肪肝の危険性は、第2章でお話ししましたが、肝硬変のリスクを高めるので、この点からも、中年太り改善のために低糖質ダイエットはおすすめしません。

ポテトチップスや菓子パンは太りやすい

海外の研究では、ウルトラ・プロセス・フード（超加工食品）をよく食べる人は、太りやすいということを明らかにしています。

ウルトラ・プロセス・フードとは、糖質、脂質、塩分を多く含む加工食品のことです。ポテトチップスや菓子パン、カップ麺、冷凍ピザ、クッキー、ビスケットなどの総称で、保存料などの添加物も多く含んでいます。

高カロリーの食品が多いので、それが原因とも考えられますが、最近の研究では、腸内細菌を介して、そこから食習慣や体の組織を変えてしまうのではないかという説が話題になっています。

腸内細菌は、みなさんご存じだと思います。私たちの腸の中にはたくさんの種類の細菌（腸内細菌）が棲みついていて、その細菌のバランスが、健康にも大きく影響しているというものです。

その影響は、食の好みや運動習慣などにもおよんでいるという研究もあります。22年12月に『ネイチャー』に掲載された論文（出典は108ページ）では、マウスをたくさん飼育する実験で、よく走るマウスと、あまり走らないマウスの差を調べました。

すると、驚くべきことに、よく走るマウスと、あまり走らないマウスの差は、腸内細菌の違いでした。

そこで、走るマウスの腸内細菌を走らないマウスの腸に移植したところ、走らないマウスが走るようになりました。

この研究の結論は、腸内細菌が運動の好き嫌いを決めている可能性があるというものです。ヒトでも運動が好きな人がいる一方、運動が嫌いな人がいますが、これも腸内細菌が関係している可能性があります。

人工甘味料が腸内細菌のバランスを崩す

中年太りを改善するには、食事と運動が重要ですが、もう1つ、腸内細菌のバランスも大事であると考えられます。

私たちの研究所でも、腸内細菌の研究を行っていますが、人工甘味料が腸内細菌のバランスを大きく変えてしまうことがわかっています。

缶コーヒーやコーラなどの清涼飲料水には、「ゼロカロリー」とか「糖類ゼロ」と書かれているのに甘い飲みものがあります。この甘さは人工甘味料でつけています。この人工甘味料が腸内細菌のバランスを変えてしまうのです。

人工甘味料入りの清涼飲料水が好きな人は、ルーティーンのように毎日飲む人も多いようです。それは、腸内細菌が食嗜好を変えてしまった結果なのかもしれません。

カロリーを抑えた食習慣に変えようと思って、そういった清涼飲料水に飛びつくと、今度は無意識のうちに、自分が人工甘味料入りの飲料を飲みたくなる。腸内細菌には、そうした働きがある可能性があるといわれています。

あるいは、ラーメンのように1つの器でまとめて食べるような食事ばかり食べるのも、腸内細菌を変えてしまう可能性があります。

牛丼やカツ丼のようなどんぶりもの、カレーライスなどもそうですが、これらの食事は糖質と脂質が多いので、そうした栄養素がドカンと腸の中に入ってくることで腸内細菌が変化し、どんぶりものを好むようになるのではないかという説もあります。

ポテトチップスなどを一気に一袋食べてしまうような人も、その可能性があります。ポテトチップスは、じゃがいもの糖質と揚げ油の脂質、そして塩分がたっぷり含まれています。まさに前述のウルトラ・プロセス・フードの代表ともいえるものですが、好きな人は、この食嗜好を改めないと中年太りの改善は期待できないでしょう。

なお、食嗜好が腸内細菌によって変わるというのは、腸内細菌が脳に何らかのシグナルを送っているからではないかといわれていています。

食嗜好を腸内細菌が選択しているのか、脳が選択しているか。結論は今後の研究を待たないといけませんが、ダイエットを成功させるには、ウルトラ・プロセス・フードのような食品から離れることが大事だということです。

そのためには、腸内細菌のバランスを変えることが有効と考えられています。バランスをよくするには、食物繊維の豊富な野菜を食べるとよいといわれています。

野菜に含まれる水溶性食物繊維は、腸内細菌のエサになりますから、野菜が好きになると、腸内細菌も野菜が好きな腸内細菌に変わってくるでしょう。

また、ヨーグルトなどの発酵食品も腸内細菌のバランスを変えるといわれているので、発酵食品を摂るのもおすすめです。

食べる量を減らすことが一番効果的

中年太りは、摂取カロリーが消費カロリーを上回ってしまうことで起こります。そしてその原因は、食べすぎ（カロリーオーバー）と運動不足（活動量不足）にあります。たくさん食べても、それ以上を消費できればよいのですが、現代のような便利な世の中では運動不足になりがちです。

運動不足が続くと、筋力が低下してやせにくい体になる傾向があります。よく、やせた後にリバウンドするという人がいますが、これを防ぐために運動が重要なのです。

ただ、運動は筋力低下を防ぐためには有効ですが、食べた分をすべて消費するには、あまり現実的ではありません。

おにぎり1個（約180キロカロリー）のエネルギーを消費するには、1時間のウォーキングが必要といわれています。運動で消費できるカロリーは意外に少ないのです。

ですから、中年太りの改善には、適切な運動も重要ですが、食べる量を減らすことがもっとも効果的といえます。

どのくらい太っているかにもよりますが、食事を減らす目安は「腹八分目」をイメージするとよいでしょう。

とはいえ、これまでの章で示したように普段摂取しているカロリーを自己申告してもほとんどの人が過小評価してしまうため、なにが「腹八分目」かを評価するのはとても難しいのが現実です。ここで、簡単に「腹八分目」のカロリーを求める方法をお教えしましょう。

それには、厚労省が示している「日本人の食事摂取基準（2020年版）」というものを参照します。年齢、性別、身体活動レベル別に、「推定エネルギー必要量」というものが掲載されています。これは、現在の日本人の平均的な身長と体重の場合に必要な摂取カロリーになります。この値に0・8を掛ければ、自分の身長に対する、平均的な「腹八分目」がどれぐらいかだいたいわかります。例えば、45歳男性で活動レベルが普通の人の場合、2650×0・8＝2120キロカロリーになります。

参考として、厚労省の推定エネルギー必要量を掲載しますが、計算が面倒な人は、これに0・8を掛ければ、腹八分目がどれくらいかだいたいわかります。

推定エネルギー必要量(kcal/日)

	男性			女性		
身体活動レベル	Ⅰ	Ⅱ	Ⅲ	Ⅰ	Ⅱ	Ⅲ
15～17歳	2,350	2,750	3,150	1,900	2,200	2,550
18～29歳	2,300	2,650	3,050	1,750	2,050	2,350
30～49歳	2,250	2,650	3,050	1,700	2,000	2,300
50～69歳	2,050	2,400	2,750	1,650	1,950	2,200
70歳以上	1,600	1,800	2,100	1,350	1,550	1,750

身体活動レベルの活動内容

身体活動レベル	Ⅰ 活動レベルが低い	Ⅱ 活動レベルがふつう	Ⅲ 活動レベルが高い
日常生活の内容	生活の大部分が座位で、静的な活動が中心の場合	座位中心の仕事だが、職場内での移動や立位での作業・接客等、あるいは通勤・買物・家事・軽いスポーツ等のいずれかを含む場合	移動や立位の多い仕事への従事者。あるいは、スポーツなど余暇における活発な運動習慣をもっている場合

※厚生労働省、日本人の食事摂取基準(2020年版)別添より作成

おかわり無料はぜんぜんお得ではない

自分がどのくらいカロリーを摂っているかは、感覚ではわかりにくいものです。前述の低脂質ダイエットと低糖質ダイエットの比較でも、脂質が多い低糖質ダイエットのグループのほうが摂取カロリーは大きくなっていましたね。実際に食べているカロリー量というのは、思いのほか多いのです。

身長も体重も人それぞれですから、牛丼の普通盛りが誰にでも「普通」ということにはなりません。もしかしたら、男性であっても、活動量が低い人は小盛りが「普通」なのかもしれません。

にも関わらず、学生時代のように、つい大盛りを注文しているなら、体重はどんどん増えていくでしょう。

あるいは、「おかわり無料」の定食屋に入ると、ついおかわりしてしまう人や、ホテルのビュッフェで何度も何度も食事を取りに行く人もいます。

これはある種の「もったいない症候群」もあると思います。でも、ホテルのビュッフェでお腹がパンパンになるまで食べれば、金銭的にはお得かもしれませんせんが、中年太りの改善にとってはぜんぜんお得ではないのです。

そういう食事に慣れてしまうと、なかなか食事量は減らせません。これは私の経験ですが、一度わんこそばを食べてから、すごくお腹がすくようになりました。大きくなったお腹は、なかなか小さくはならないのでしょう。

実際に胃袋が大きくなっているわけではありませんが、たくさん食べるのが習慣になってしまうと、少ない量の食事に対して、少なすぎると感じるのだと思います。ここがダイエットの難しさです。

男性は18～22歳くらいまでは、成長を続けます。成長している間は、BMIは上がらない人がほとんどです。

そして成長が止まると、BMIが上がってきます。学生時代にいっぱい食べていた人が、その後も、同じ感覚で食べていると、BMIが22を超えて、だんだん上がるとともに、中年太りを感じるようになるのです。

何も考えないでおかわりをしているような人が、急に食べる量を減らすのはなかなか難しいと思います。

とりあえず、やれることとしては、大盛りやおかわりが無料の店には近づかないこと。ビッフェのような「食べ放題」の店を避けるようにすることをおすすめします。

たんぱく質の摂りすぎに注意

食べる量を減らしても、たんぱく質は減らさないことが大事です。これまで述べてきたように、中年太りを改善するには脂質を減らして、炭水化物（糖質）を食べすぎない程度に減らすのがよいのですが、たんぱく質を極端に減らしてはいけません。

たんぱく質は、筋肉をはじめ、ヒトの体をつくる材料です。そのため、たんぱく質の摂取量が少なくなると、筋肉が崩壊していきます。ですから、必要なたんぱく質はちゃんと摂らないといけないのです。

1日に必要なたんぱく質摂取量は、体重1kgに対して1gとされていますが、これは最低限の摂取量です。

最近、プロテインのサプリメントがブームになっています。プロテインとはたんぱく質のことで、スポーツをしていて筋肉量を増やしたい人に人気のようです。

また、最近は65歳以上の高齢者も、筋肉量を減らさないために、たんぱく質を積極的に摂ることがすすめられています。

これは65歳以上になると、筋肉の合成能力が弱くなるとともに、筋肉が分解しやすくなるからです。ですから、高齢者は若い人よりもたんぱく質を多めに摂らないと、筋肉が崩壊していく危険性があるとされています。

ただ、トレーニングをしている人は別ですが、30代や40代では、たんぱく質を過剰に増やす必要はありません。

逆に、若い人がたんぱく質を摂りすぎると、がんなどで死亡するリスクが高くなってしまうという指摘もあります。

これはアメリカの研究で明らかになっていますが、たんぱく質の過剰摂取によって、がんのリスクが逆転するのが65歳ぐらいなのです。

ただそれをいってしまうと、筋肉などの維持に必要な最低限のたんぱく質摂取量を割り込んでしまう人がいるかもしれません。

普通に食べているなら、それほど心配はいりませんが、普段からお肉や魚、乳製品、大豆製品などをしっかり食べている人が、さらにプロテインを飲む必要はないでしょう。

なお、65歳以上の人のたんぱく質の摂り方については、第5章で詳しく述べますので、そちらを参考にしてください。

睡眠時間が適正になると体重が減少すると判明

本章の冒頭の中年太りチェックシートに、「睡眠時間が6時間以下である」という項目を入れましたが、実は睡眠時間はダイエットにも関わっています。

OECD（経済協力開発機構）の調査によると、日本人は世界一短眠の国民であることがわかりました（18年の調査）。これによると、日本人の平均睡眠時間は7・22時間。アメリカは8・44時間、中国は9・01時間で、調査した国の中で最下位でした。

厚労省の調査でも、日本人の睡眠時間はだんだん短くなる傾向があり、15年のデータでは、6時間未満が約4割となっています。

また、最近出た睡眠に関する介入をした論文で、肥満で睡眠時間が6・5時間未満の人の睡眠時間を8・5時間に延ばしたところ、摂取エネルギー量が減少し、体重が減少したというデータがあります。

睡眠時間を延長すると摂取エネルギーが減少

睡眠時間を延長した群のエネルギー摂取量
Sleep extention groupe change from baseline in energy intake

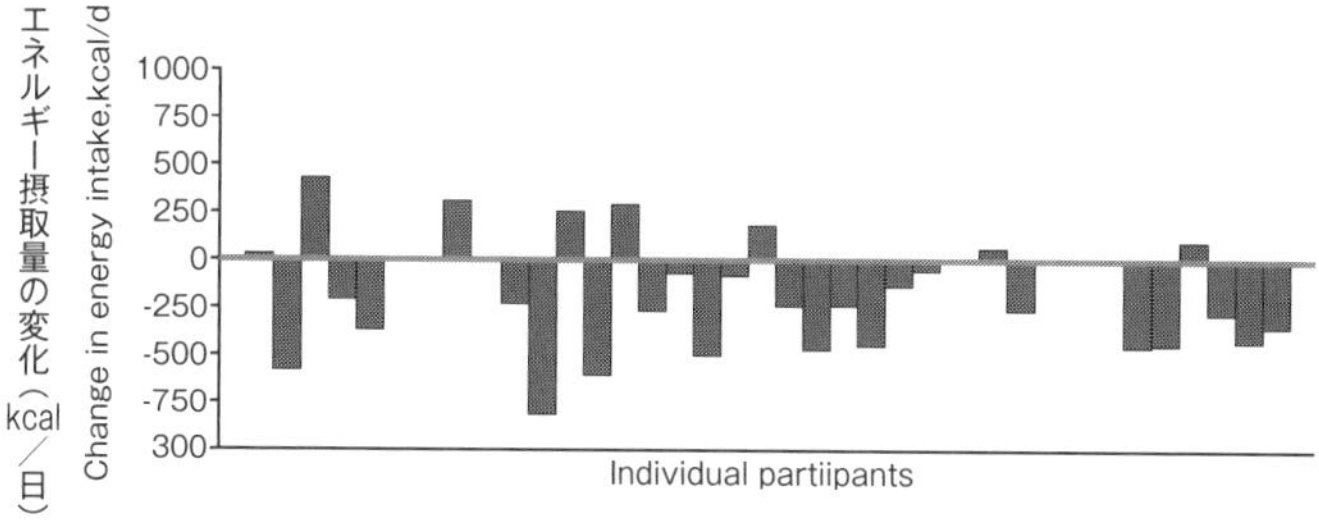

対象群のエネルギー摂取量
Control group change from baseline in energy intake

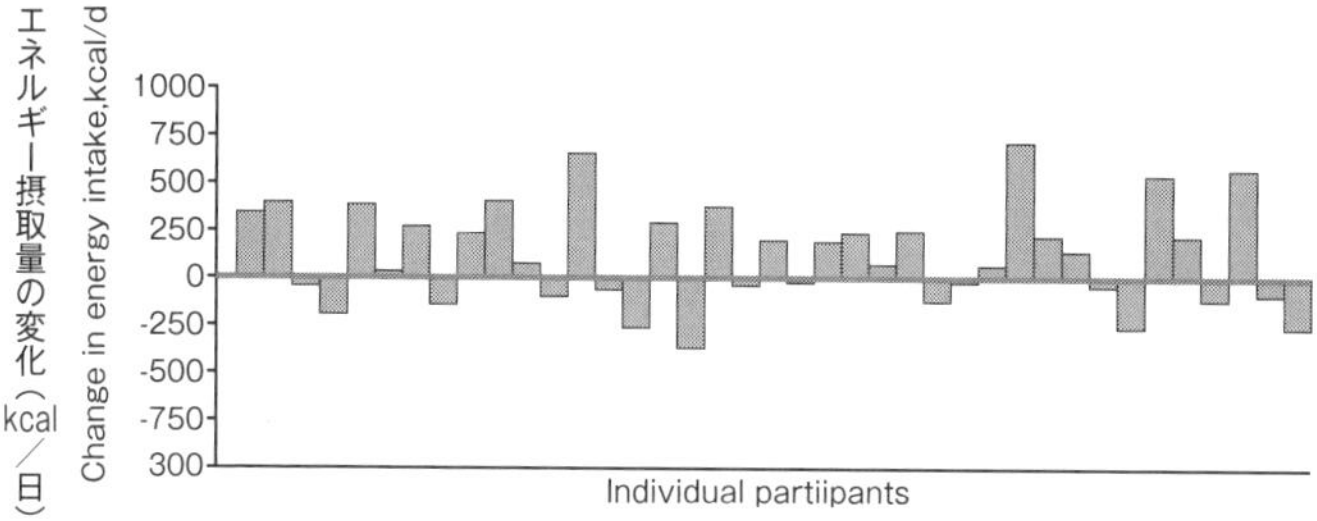

上は睡眠時間を延長した群の個人参加者(Individual partiipants)のエネルギー摂取量の変化。多くの人の摂取カロリーが減少している。下は対照群(今までどおりの睡眠時間の群)の摂取エネルギー量の変化。多くは摂取カロリーが増えている

原題:Effect of Sleep Extension on Objectively Assessed Energy Intake Among Adults With Overweight in Real-life Settings: A Randomized Clinical Trial
(生活環境における太りすぎの成人の客観的に評価されたエネルギー摂取量に対する睡眠延長の効果: ランダム化臨床試験)

出典：JAMA Intern Med.2022;182(4):365-374.
jamainternmed.2021.8098

以前から、睡眠時間が短い人は太りやすいといわれていましたが、この研究では、睡眠時間を延長しない群（対照群）のほうが摂取エネルギーは多かったので、この説の正しさを証明していることになります。

睡眠時間が短いほうが太りやすい理由の1つとして、夜遅くまで起きていると、何か食べてしまう可能性があることがあげられます。

みなさんも、夜遅くまで起きていると、夜食が欲しくなってコンビニに買いに行ったりしたことはありませんか？　早く寝ないとお腹がすくので、物理的に食べる量が増えるという原因があるような気がします。

また、睡眠不足はストレスの1つですから、ストレス解消と称して食べる行為が過食につながることも考えられます。

いずれにしても、睡眠時間が6時間未満は、あまり健康的な生活とはいえません。むしろ早めに寝る習慣をつけたほうが、生活のリズムも安定して、食べすぎや運動不足を防ぐことにもつながるでしょう。

その人の生活スタイルにもよりますが、イメージとしては、遅くとも23時くらいまでに寝て、6～7時に起きるのが理想です。そして、朝食を必ず摂ることも重要です。

すると、お昼ごはんを食べるまでのエネルギーが充填できるので、仕事のパフォーマンスも向上するでしょう。

会社に出社してから、パンなどで朝食を摂る人がいるそうですが、朝9時の朝食では遅すぎます。スムージーのようなものでもよいので、何かお腹に入れることが重要です。

また、朝起きてすぐ食べるようにしたほうが、朝から積極的に活動できるようになります。肥満の人は、朝の活動量が少ない人というデータもあるので、朝食べたほうが活動しやすくなり、結果的に活動量の増加につながります。

ちょっとだけ運動することの効果

食事と運動は、中年太り解消の両輪です。腹八分目の食事を始めると同時に、運動も始めましょう。

そもそも、第1章で述べたように、中年太りは毎日のカロリーオーバーが積み重なることで起こります。そして、カロリーオーバーが積み重なるのは、1日の摂取カロリーがその日のうちにすべて消費されていないからです。つまり、運動不足の生活が続いているということになります。

運動というと、ハードルが高そうですが、座りっぱなしの生活をしている人が家事などで動く機会を増やすとか、要するに、ちょこちょこ動くようにするだけで、カロリーは消費されます。小さなカロリー消費でも、それが積み重なると、1日の総エネルギー消費量では大きな差になってきます。

第1章で、1日10~20キロカロリーのカロリーオーバーが、10年後、20年後には10kg増になるというお話しをしましたが、1日に10~20キロカロリーなら、カラオケでも消費することができます。

1曲歌えば、20キロカロリーは消費できるといわれていますから、5~6曲歌うと100キロカロリー以上、消費できることになります（歌う曲によって異なる）。

また、家事をするときも、できるだけ体を使うように意識することが重要です。現代は便利な家電が増えています。私の家にも、お掃除ロボットがありますが、家事でカロリーを消費するチャンスが、現代は少なくなってきているのです。「お掃除ロボットを使うな」とまではいいませんが、生活が便利になった分、別なところで体を動かす工夫をしてほしいと思うのです。

もう1つ、第1章で述べたホリデー・ウエイト・ゲインの対処にも運動は重要です。実際、ウィークデーに仕事をしている人は、土日の活動量が不足しがちです。

毎日通勤しているのに、土日は家であまり動かず休んでいれば、当然、消費カロリーはウィークデーよりも少なくなります。毎日の歩数をスマホでチェックしている人は、土日の歩数が少ないと感じている人が多いのではないでしょうか。

それでも、土日で消費しきれなかったカロリーを、次の金曜日までに消費できればよいのですが、消費しきれないと次の土日に持ち越されます。それを繰り返すことで、体重が増えていくわけです。

「禁煙すると太る」は正しい

よく「タバコをやめると太る」といわれますが、実際、タバコをやめてから太り出したという人は多いと思います。

「タバコをやめると食欲が増す」という人がいますが、これは事実です。これは、タバコの主成分の1つであるニコチンに食欲を抑制する働きがあるからです。マウスの実験などでも明らかにされています。

また、ニコチンにはエネルギー消費を高める作用があるため、タバコを吸っている人はもともと太りにくいのです。

今は居酒屋でもタバコを吸えない店のほうが多くなりました。本書編集者の1人は元喫煙者ですが、居酒屋で自由にタバコを吸えた時代は、お酒を飲みながらタバコも吸っていたから、つまみはそんなに食べなかったといっていました。

ところが禁煙後は、つまみを食べる量が明らかに増えたといいます。タバコをやめたことで、食欲が増しただけでなく、口さびしくなって食べる量が増えたという側面もあると思います。

もう1人の編集者も元喫煙者ですが、彼が以前勤務していた出版社は、会社の外に1カ所だけ喫煙所があるため、タバコを吸うときはそこに移動しなければならなかったといっていました。つまりタバコブレイクのたびに、イスから立ち上がって体を移動させていたのですが、禁煙後はそれがなくなりました。禁煙したことで、活動量も減ったわけです。これも禁煙による肥満に関与していると思います。

ちなみに、2人とも中年太りを経験していて、それが本書の企画にもつながったわけですが、さすがに「やせられるなら、またタバコを吸いたい」とは思わないそうです。確かに、タバコは健康を害するデメリットのほうが大きいですし、そのために禁煙したのでしょうから、喫煙を再開する気がないというのはわかります。

私も中年太りを改善したいなら、タバコを吸えばよいとはいえません。ただ、禁煙すると中年太りしやすいことは知ってほしいのです。

現代は、喫煙者に厳しく、いろんな局面で「禁煙しろ」といわれる時代ですが、禁煙後の肥満に対するケアがありません。おそらく禁煙外来でも十分なフォローはされていないのではないでしょうか。

喫煙者の中には、過熱式タバコをやめて、電子タバコにした人がいるかもしれません。電子タバコでも、やめたら太るのでしょうか。

これについては、電子タバコと肥満の関係を調べた研究がまだ見当たりませんが、電子タバコもニコチンの成分を吸い込むことになるので、ニコチンの体重抑制効果があると考えられます。

また、電子タバコは過熱式タバコに比べて有害成分が少ないといわれてはいますが、過熱式タバコに比べて健康被害が少ないというエビデンスはまだ得られていません。

いずれにしても、本書の読者の中で、タバコをやめようと思っている人がいるのであれば、タバコをやめたときこそ、体重増に注意することが大事だと認識してください。やめたら食べる量が増す可能性があるので、それに備えて、運動量を増やしたり、食べすぎないように気をつけることはできるでしょう。

ビール腹の正体は？

お酒を飲む人も太りやすいといわれています。「ビール腹」という言葉もあります。ビールをよく飲む人で、おなかが出ている人のことをいうようです。

ビール腹というと、ビール王国のドイツ人などをイメージする人もいるでしょう。ドイツといえばビールにソーセージ。確かに、ビールにソーセージはよく合いますね。

ビールにはソーセージや唐揚げといった高脂質で高カロリーのつまみが合うといいますが、ビールとともに、高脂質のつまみをたくさん食べていれば、カロリーオーバーにつながることになるでしょう。

ではお酒そのものには太る要素があるのでしょうか。低糖質ダイエットの指南書などには、ビールや日本酒のような糖質を含む醸造酒をやめて、ウィスキーや焼酎のような糖質を含まない蒸留酒に変えれば太らない、といったことが書かれています。

また、こうした情報を反映しているのか、お酒のメーカーも、「糖質ゼロ」と銘打ったお酒を販売しています。

しかし、純粋にお酒に含まれる糖質だけでは太ることはほとんど考えられません。それよりも、前述した高カロリーのつまみのほうが太る原因になるでしょう。

つまみだけではありません。居酒屋などでお酒を飲むと、最後に「シメ」が欲しくなって、焼きおにぎりを頼んだり、居酒屋を出てからラーメン屋に行って、ラーメンを食べたりする人もいます。

あるいは、職場の懇親会などでお酒を飲んで、つまみも食べているのに、自宅に帰ってから、晩ごはんを食べる人もいます。いずれも冷静に考えれば食べすぎですね。

このように、お酒を飲むと食べすぎてしまうのは、酔っ払って自制が効かなくなるからでしょう。

そのことを理解していただき、自制できる人は、お酒を適度に楽しめばよいと思います。

ただし、適度な量を守るのも自制できていればの話です。

ちなみに、お酒は「百薬の長」と呼ばれていましたが、現在ではさまざまな研究で、否定されています。それらの研究を踏まえて、WHO（世界保健機関）も「アルコールに安全な量はない」と警告しているほどです。お酒を飲む習慣のある人は、このこともよく理解して飲むようにしてください。

体重計・体組成計との上手なつきあい方

ダイエットの効果を判定するには、体重計が必要です。本書の読者も体重計を持っている人が多いと思います。

でも、毎日体重を量っても、増えたり減ったりで安定しませんね。思ったように減らないので、ダイエットをあきらめてしまう人がいるかもしれません。

私も毎日体重を量っていますが、ブレブレです。でも1日のうちでも、1kgは上下するものです。毎日量るたびに右肩下がりになっていくことはほとんどないと思います。

食事を摂った直後に量れば体重は増えますし、水分をたくさん摂った後でも体重は増えます。

逆に、おしっこや排便をする前と後に量れば、300〜500gぐらい下がっていることもあります。

ですから、1日のうちに何度も体重を量るのはあまり意味がありません。量るなら1日1回で十分です。その際、注意してほしいのが毎日同じタイミングで量るということです。例えば、毎日、朝量ると決めたとします。しかし、朝食前と朝食後のデータが混在していてはダイエットに生かせません。

できるだけ回数を量って平均をとるという方法もありますが、大事なのはトレンド（傾向）を見るということ。毎日量るたびに「昨日よりも減った」とか「昨日よりも増えてしまった」と、一喜一憂するのではなく、1週間とか1カ月でどのくらい変化があったのかを見るのです。

中年太りは、少しずつゆっくり体重が増えていくといいましたが、減らすほうも一気に減らすことはできません。そこは辛抱強く見極めていくことが大事です。

1カ月や1年間のトレンドを見るためには、グラフ化するとよいでしょう。アナログ式で、方眼紙を使ってグラフにしてもよいのですが、体重計（体組成計）と連動するスマホのアプリを用いるのもおすすめです。

私が使っているのも体組成計からスマホにデータを送って、さまざまなデータが可視化できるタイプです。

体重だけでなく、筋肉量や脂肪量、ＢＭＩなどの変化もグラフ化できるので、食事や運動の効果がどのくらい上がっているのが一目でわかります。

このタイプの体組成計は、やや値が張るのですが、思い切って購入すれば、もう後には引けません。「せっかくハイテク体組成計を買ったのだから、絶対に中年太りを改善させてみせる」というモチベーションを高めることになり、ダイエットのはげみにもなるのではないかと思います。

出典：Nature volume 612, pages739-747（2022）

第4章

座る時間が長い人はやせられない

「減量に運動は不要説」への反論

この章では、運動や身体活動の重要性について、詳しくお話ししたいと思います。よく「運動によるカロリー消費は微量だから、ダイエットにはほとんど役に立たない」といったことをいう人がいますが、まずこういう意見に反論しておきたいと思います。

現代のように、活動量が少なくても生きられる時代であれば、基礎代謝が低下していなくても、たった10キロカロリーの摂取カロリーが消費できずに残ってしまう可能性があります。実際にはそれ以上かもしれません。

「運動してもやせない」という人がいますが、やせはしなくても、運動量が足りないと、第1章で述べたような、1日10キロカロリーの積み重ねが20年で10kgの体重増につながっていくというようなことが起こるわけです。

1日たった10キロカロリーでも、余ったカロリーは体脂肪として蓄積されます。それによって、10年後、20年後の中年太りが決まるわけですから、消費カロリーとしては微量でも、運動することには意味があるのです。

現代のように、動かない生活を続けていると、中年太りはもちろんですが、第2章で述べたような生活習慣病のリスクも高くなります。家電に頼らずに家事をするとか、デスクワークの途中でも動く習慣をつくるとか、こまめに動くことで、1日10キロカロリーの未消費分を帳消しにできるわけです。

また、第1章で述べたように、運動すると筋肉の質が変わってきます。同じ体重でも、アスリートのように、筋肉量が多くて体脂肪が少ない体であれば、BMI30以上でも病気になりません。

逆に、体脂肪が多くて筋肉量が少ない肥満は、BMI25～30くらいでも、生活習慣病を発症してしまう危険性があるのです。

体脂肪は運動によってしか減らすことはできません（基礎代謝は除く）。もちろん、食事で摂取する量を減らすことも重要ですが、中年太りを改善したいのであれば、運動量（活動量）を増やして蓄積された体脂肪を燃やさなければならないのです。

また、運動不足だと筋肉の質も変わってきます。これも第1章で述べましたが、運動習慣がある人の筋肉は筋細胞がみっちりあるのに対し、運動不足の人は筋細胞の間にすき間ができて筋肉がスカスカになっていきます。スカスカになった筋細胞の間には、異所性脂肪の1つである筋肉脂肪もついてくるので、これもまた生活習慣病のリスクを高めてしまうことになります。

このように、運動には健康上のいろんなメリットがあります。運動によるカロリー消費量は少ないけれども、中年太りが気になるような年代の人にとって、運動はとても重要であることがおわかりいただけたでしょうか。

血糖値スパイクが脂肪をためる

生活習慣病と運動の関係で、よく知られているのが糖尿病です。糖尿病のメカニズムや症状については第2章で述べましたが、糖尿病になると高血糖の状態が続いて、それが動脈硬化を進めて、いろんな合併症を引き起こします。

糖尿病を発症した人は、食事や運動で血糖コントロールすることが大事ですが、中年太りで、まだ糖尿病になっていない人でも、血糖コントロールは重要です。

食事をすると血糖値が上がります。その後、インスリンというホルモンが分泌され、血糖はエネルギーとして消費されます。その結果、血糖値が下がります。

炭水化物などの食事をたくさん摂ると、血糖値は急激に上昇し、インスリンが分泌された後、今度は急激に下がります。

わかりやすくいうと、血糖値が短時間のうちに高くなったり低くなったりします。このような状態を「血糖値スパイク」といいます。

血糖値スパイクが起こっているときは、インスリンが多量に分泌されるので、脂肪細胞に脂肪をため込みやすくなります。

どういうことかというと、血液中の糖の濃度が高いと、脳は血液中にエネルギーがいっぱいあるから、それをためておこうとして、体脂肪に換えてたくわえるのです。

また、血糖値スパイクは血管にダメージを与えて、動脈硬化を進めることもわかっています。そこで、肥満や動脈硬化を防ぐには、血糖値の上がり下がりをゆるやかにすることが重要だといわれています。

これに対し、食事の前後に運動をすると、筋肉への刺激によって、血糖値の上がり方がゆるやかになり、また下がるときもゆるやかになることがわかっています。

血糖値がゆるやかに上下すると、血糖を体脂肪としてため込まず、すぐに使えるエネルギーとして消費されるので、肥満になりにくいのです。

低糖質ダイエットもこのような考えが基本にあります。糖質の摂取量を減らせば、血糖値が上がりにくいので、肥満になりにくいというわけです。

しかし、私は血糖値を上げない生活を長く続けていると、ある種の時差ボケのような状態が起こるのではないかと危惧しています。

私たちは血糖値を上げて生活のリズムをつくっているので、体を動かすときに血糖値をしっかり上げておかないと、夜眠れなくなったりする危険性があります。

もちろん、血糖値を上げるときは、血糖値スパイクを起こさないようにゆるやかに上げる必要があります。そのためには、食事の前後に軽い運動をすることが有効なのです。

座っている時間を減らそう

食事時間とのタイミングなどもありますが、まとめて運動しても、消費できるカロリーはそれほど多くはありません。まさに、冒頭で述べたように、運動で消費するカロリーというのはそれほど多くはないということです。

逆に、家にいるときも、ちょこちょこ動いていたほうが、トータルでの消費カロリーは多くなります。

もちろん、ジムで行うような運動も大事ですが、まずは日々の身体活動によって消費するカロリーに目を向けてほしいのです。

ポイントとしては、「食べたら動く」ことを意識するとよいと思います。例えば、食べてすぐ座らないことを習慣にしてはいかがでしょうか。

自宅で食事するなら、食べた後もずっと座りっぱなしでいないで、片付けや洗いものをすませるとか。ランチが外食だったら、すぐに会社に戻って座らない。ランチが終わったら、少し散歩をしてから会社に戻るような時間を持つことが大事です。

前述のように、食事の前後の運動は血糖値をゆるやかに上げて、血糖値スパイクを防ぐというメリットもあります。そうやって、日常の活動時間を少しずつ増やしていくとよいと思います。

座っている時間が長いほど短命であるといった研究は、世界中で行われていますが、『サイエンス』に掲載された興味深い論文があるので紹介しましょう。

人間は目的のある運動以外にも、日常生活に関連する姿勢や動きの変化によってエネルギーを消費します。これをNEAT（非運動活動性熱発生）といいます。簡単にいえば、運動ではない日常生活の活動によるエネルギー消費です。

肥満におけるNEATの役割を調べるために、やせた人10人と、軽度肥満な人10人を対象にして、10日間、両群の人たちの0・5秒ごとの体の姿勢と動きを測定しました。

肥満の人は、やせた人より、1日平均2時間長く座っていました。しかし、肥満の人が体重を減らしても、やせた人が体重を増やしても、姿勢の割り当てには変化がないことがわかりました。これは生物学的に決定されていると思われます。

しかし、肥満の人がやせている人のNEATを強化した行動を取り入れた場合は、1日あたり350キロカロリー消費する可能性があることがわかりました。

つまり、肥満の人がやせた人と同じくらい立ったり、歩き回ったりすると、消費カロリーが大幅に増える可能性が明らかになったということです。

コロナで活動量が減った

みなさんは普段から、体を動かすことを心がけているでしょうか。まとまった運動はもちろん大事ですが、それ以上に24時間の活動量をいかに増やすかが、中年太りの改善には

こまめに動くことで座る時間を減らそう

減量後の姿勢の割り当て

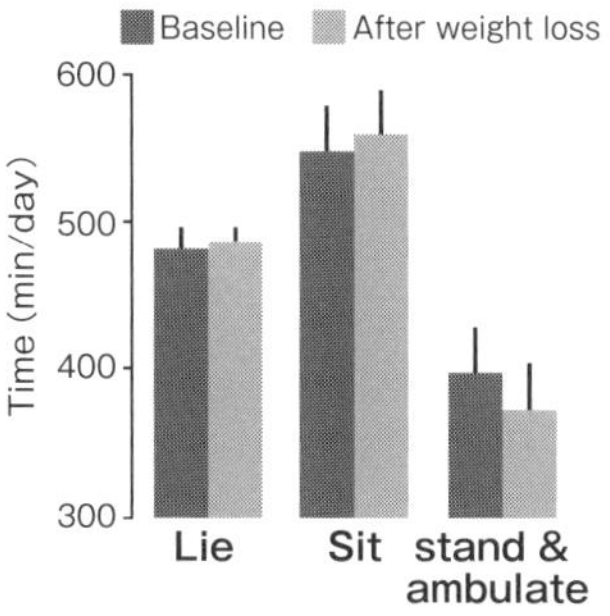

体重増加後の姿勢の割り当て

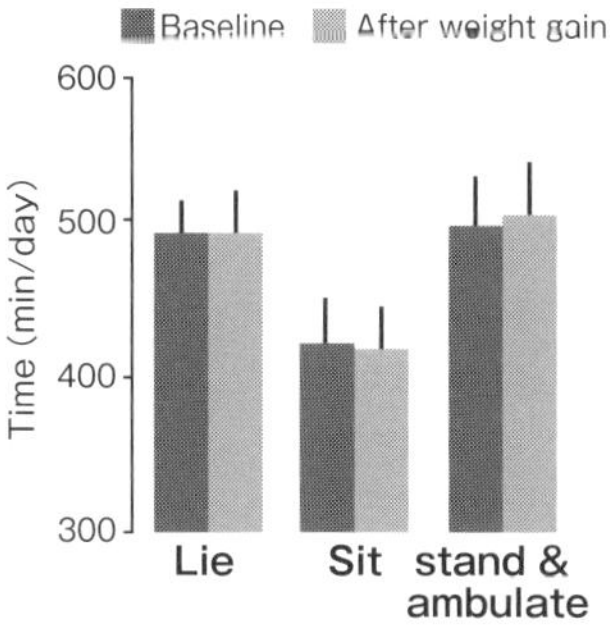

上は肥満の人が減量した後の姿勢の割り当て時間（1日の分で示している）。寝ている（Lie）時間や座っている（Sit）時間に対して、立ったり歩き回る（Stand & ambulate）時間。ベースライン（baseline）は基準値。下はやせている人を実験的に太らせた後の姿勢の割り当て時間。上のグラフに比べて、立ったり歩き回る時間が長い。座っている時間を減らすには意識的に動く必要がある

原題：Interindividual Variation in Posture Allocation: Possible Role in Human Obesity（姿勢配分の個人差：ヒトの肥満における役割の可能性）

出典：SCIENCE 28 Jan 2005 Vol 307, Issue 5709 pp. 584-586 DOI: 10.1126/science.1106561

とても重要です。

ところが、まだ記憶に新しい新型コロナウイルス感染症（以下、コロナ）の大流行は、逆に24時間の活動量を減らすことになってしまいました。

コロナ禍に太ったという人がたくさんいて、「コロナ太り」などと呼ばれていますが、コロナ禍では多くの企業が通勤からテレワーク（在宅勤務）にシフトしました。その結果、会社員の1日の活動量が激減してしまったのです。

具体的なデータもあります。デスクワーク中心の仕事をしている30代の男性の場合、1日の総エネルギー消費量は2800キロカロリーぐらいあったのに対し、テレワークになると2400キロカロリーまでに低下するという研究報告があります。

仕事がデスクワークであっても、通勤のために歩いたり、職場のちょっとした移動など、体を動かす機会はテレワークの人たちよりも多いのです。それが、400キロカロリーもの差になっています。

やはり、日常生活の中のちょっとした動きの積み重ねは、意外にカロリー消費に役立っているのです。

高齢者の場合はもっと深刻で、若い人よりも感染による重症化リスクが高いため、外出を極端に控えるようになりました。

それによって筋力低下が進み、今までのように歩けなくなる人が増えたともいわれています。もともと運動の機会が少ない高齢者にとって、さらに活動量が減ることは、筋肉量の減少を招きやすいのです。この問題については、第5章で詳しく説明します。

コロナの法的位置づけが2類から5類になってから、テレワークから再び通勤のスタイルに戻す企業も増えていますが、今後もコロナのような感染症が流行することは十分考えられます。そんなときには、日常生活の活動量を減らさないような工夫が必要ではないかと思っています。

やせるためには筋トレより有酸素運動のほうが大切

日常生活での活動量を意識的に増やしていくことによって、1日の総エネルギー消費量が増えれば、少しずつ体重が増えていく中年太りをストップさせることができる可能性があります。

ただ、それだけではエネルギー消費量としては少ないので、これ以上の体重増を防ぐことはできるかもしれませんが、体重を減らしていって中年太りを改善するには十分ではありません。

ということで、いよいよ「運動」が必要になってきます。運動というと、ジムへ行って筋トレするようなイメージがありますが、第1章で述べたように、やせるためには筋トレよりも有酸素運動のほうが重要です。

本書では両方やることをすすめてはいますが、今まであまり運動してこなかった人であれば、優先順位としては有酸素運動から始めてほしいと思います。

そして、有酸素運動が習慣化できたら、筋トレも始めるとよいでしょう。といっても、やせることが目的であれば、きつい筋トレはやらなくても大丈夫です。

スクワットはみなさん、ご存じだと思います。自分の体重を負荷にして、下肢の筋肉を鍛える筋トレで、道具なしでできるので、本書でもすすめています。

マシンを使って行うような高い強度の筋トレは必要ありませんが、スクワットのような中等度の筋トレはやったほうが、中年太りの改善のために得なことが多いと思います。

第1章で、有酸素運動だけでも筋肉の質の向上がみられるといいましたが、筋トレをすると、筋肉の質の向上とともに確実に筋細胞が大きくなって、筋肉量が増えます。それによって、わずかであっても基礎代謝も上がっていくので、筋トレをしたほうが、将来的に同じ運動をしても消費カロリー量が大きくなる可能性があります。

ですから、運動をがんばれる人はスクワットなどの筋トレもやるとよいと思います。スクワットのやり方は、第6章で説明します。

ただ、有酸素運動も筋トレも継続することが大事です。継続させるためには、日常生活のルーティーンにするとよいと思います。

「この時間は運動する」と決めたら、やらないと気持ちが悪いと感じるくらい習慣として根付けば、継続も苦にならないでしょう。

運動してこなかった人は、まず散歩から始めよう

有酸素運動には、ウォーキングやジョギング、水泳、サイクリングなどがあります。ウォーキングはご存じのように、やや早いペースで歩くこと。早歩きのイメージがあるウォーキングに対し、ジョギングは走るイメージがありますが、おすすめしたいのは、スロージョギングです。

スロージョギングのスピードは、信号が間に合わないときに急いで渡るぐらいの速さです。できる人なら、ウォーキングよりもエネルギー消費効果が高まります。

ただ、今までほとんど運動の習慣がなかった人や、運動が苦手な人は、これでもハードルが高いでしょう。そんな人は、まず歩くことから始めましょう。

スマホの歩数計のアプリを使って、自分がどのくらい歩いているか確認してみましょう。リモートワークの人なら、1000歩以下という人も珍しくありません。できればトータルでまずは、1日最低5000歩以上は歩いてほしいと思います。

例えば、歩いて5分くらいかかるコンビニなら、自転車で行くのをやめて、徒歩で行くことから始めてもよいでしょう。

健康な人が普通に歩くと、だいたい10分で1000歩ぐらいです。家から徒歩5分のコンビニなら、往復で1000歩歩けます。

また、最寄りのバス停よりも1つか2つ前で降りて歩くというのもよいでしょう。バス停は一般的に250~500m間隔で設置されているので、間隔が短いなら2つ前くらいでも歩けてしまうでしょう。

通勤している人なら、駅ビルなどをブラブラ歩くのもよいと思います。これなら、雨の日でも歩数をかせげますね。ショッピングセンターなども、天気が悪いときの散歩コースとして利用できます。

最初は早く歩くことは考えなくてよいので、1日あたり、今までの歩数プラス1000歩を目標に歩くことから始めてください。

その際、注意してほしいのが土日です。通勤の途中で歩く工夫をしている人でも、土日はほとんど歩かないという人がいるからです。

これまで述べてきたように、土日は消費カロリーが減って、カロリーオーバーの蓄積につながりがちです（ホリデー・ウエイト・ゲイン）。土日もできるだけ歩くようにしてほしいものです。

1日の歩数は20代に比べて大きく減少

中年太りが始まる30代以降は、若い人に比べると、1日の歩数が少なくなっていることが明らかにされています。

125ページのグラフは、16年（平成28年度）のデータですが、男女とも20歳代の頃に比べると、歩数が減少しています。とくに男性の減少率が高く、50歳代では20歳代よりも1000歩以上少なくなっています。

「運動の習慣がない人は1日プラス1000歩以上歩くことから始めましょう」の根拠は、年齢とともに人は歩かなくなっていくからです。

グラフにも現れていますが、歩くのをめんどうに思っていると、高齢になってからは、さらに歩数が減っていくでしょう。しかし、中年期からでも歩数を増やす工夫をすれば、年をとってからの歩数の減少が防げる可能性があります。

1日3分でいいから息の上がる運動をする

散歩では息が上がることはないと思いますが、散歩に慣れてきたら、そのうちの3分間だけ息が上がるくらいのスピードで、ジョギングを加えてほしいのです。

『ネイチャーメディシン』に発表された研究（出典は132ページ）で、1分程度の少し息が上がるくらいの運動を毎日3〜4回行うだけで、脳卒中や心筋梗塞などのリスクが大幅に下がり、寿命が延ばせる可能性があると報告されています。

1日の歩数　年齢層別（2016年）

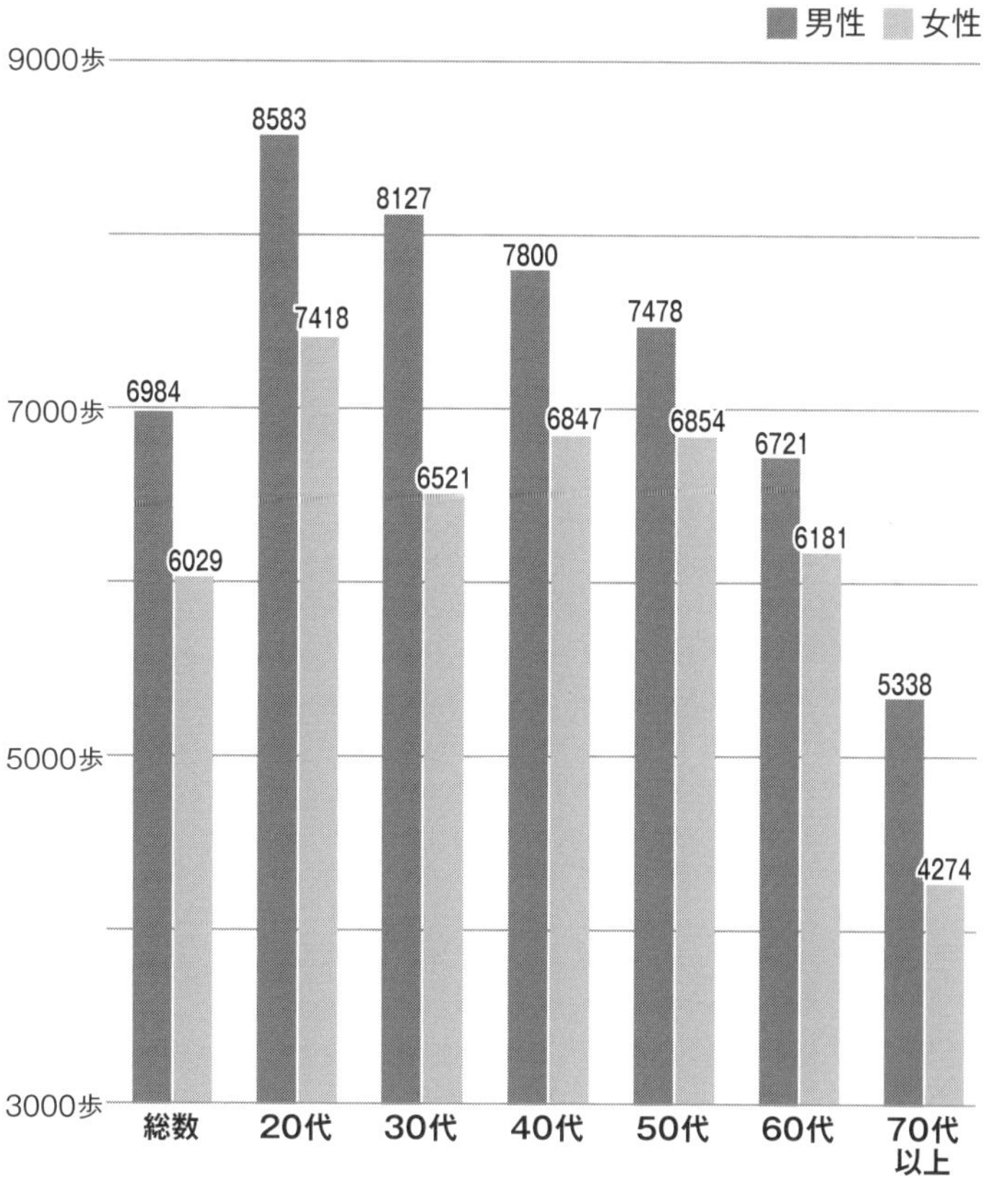

歩数がもっとも多いのは男女とも20代。そこから男性は年代とともに歩数が大きく減少。女性は20代から30代にかけて減少するが、30代から60代の歩数は6000歩台を維持し、70代以上になると急激に減少する

※厚生労働省が2017年 9月21日に発表した『平成28年度 国民健康・栄養調査』の結果より

走ったり、階段を上ったりすると息が上がりますね。息が上がっているとき、心拍数も上がっています。心拍数が上がる運動は、心肺機能を高める効果があります。

アスリートはもちろん、学生の部活などでも、短い距離を全速力で走るダッシュというトレーニング法があります。あれは心肺機能を高めることが目的です。

ウォーキングにも、3分歩いたら、3分少し息が上がるくらいのスピードの早歩きをして、これを何度か繰り返すやり方がありますが、これもウォーキング中に心拍数を上げることを目的にしているようです。

ただ、心肺機能は人によって差がありますから、人によっては3分続けて早歩きできない人もいるでしょう。

ですから、私は「3分早歩き」のように時間を決めなくてよいと思います。それよりも、1分でよいから息が上がるくらいの運動をすることを目指してみてください。それを1日3回やれば3分。それだけで、前述の論文のような効果が期待できます。

30分散歩するのであれば、その間に1分間のジョギングを3回取り入れればよいのです。1分は無理だという人は30秒を6回でもよいでしょう。散歩の中に息が上がる時間をつくることが大事です。

息が上がる運動を推奨すると、「高齢者には危険ではないか？」と思う人がいるかもしれません。しかし、70代であっても、短時間であれば息が上がる運動はすすめられます。それによって、心肺機能の低下を予防できるのです。

ただし、不整脈など心臓の持病がある人は、必ず医師に相談するようにしてください。それ以外の人はむしろ、その人の体力に応じて、息が上がるような運動をしたほうが健康にはメリットがあります。

階段を上がるのもよいと思います。駅やショッピングセンターでは、エスカレーターを使うのをやめて階段を上りましょう。

「階段を見たら薬だと思え」という標語のような言葉がありますが、階段を上って息が切れるのは健康にはとても効果があるのです。

階段上りや散歩中の1分ジョギングを1日トータルで3分やってみてください。散歩をするだけより、大きな健康効果が得られます。

ブレイク・サーティーを意識する

最近、厚生労働省が改訂中のアクティブガイド（健康づくりのための身体活動・座位行動指針）で、「ブレイク・サーティー（ＢＫ30）」という言葉が掲載される見込みです。ＢＫ30は、「できるだけ頻繁に長時間連続した座位行動を中断（ブレイク）する」という標語です。

具体的にいうと、座りっぱなしの姿勢は健康によくないので、30分ごとに３分くらい立ち上がろうという提案です。

これはリタイアして家で座る時間が長い高齢者だけでなく、デスクワークが中心の会社員にもいえることです。

例えば、30分集中して仕事をしたら、３分ほどオフィスの中を歩き回るとか、狭いオフィスなら廊下に出るなどして３分ほど歩けばよいのです。

オフィスに階段があるなら、階段を上り下りするのもよいですね。急いで階段を上れば、前述の息の上がる運動にもなります。

会社によっては、30分に1回は休みにくいかもしれませんが、最低限、立ち上がるだけでも、座りっぱなしよりは効果があります。30分たったら、立ち上がって、深呼吸をしてみましょう。これくらいはできるかもしれません。

しかし、今後、会社を上げて、ＢＫ30に取り組むようになれば、みんなが普通に立ち上がって歩ける時代がくるでしょう。

ちなみに、前述のアクティブガイドには、「プラス・テン（＋10）」という標語も掲載されています。

これは、「今よりも10分多く体を動かすだけで、健康寿命を延ばせる」という根拠を具体化したものです。10分とは約１０００歩に相当します。

本書の読者には、＋10の重要性がわかりますよね。中年太りの改善が目的なら、＋10といわず、体力に応じて＋20、＋30くらい多く体を動かすことが重要です。

「スタンディング・デスク」

座りっぱなしの仕事の弊害を解消するため、「スタンディング・デスク」を導入する企業も増えているようです。

スタンディング・デスクとは、立ったままの姿勢でパソコンなどの作業ができるデスクのことです。

立って仕事をすると、姿勢がよくなるため、肩こりや腰痛の予防になるともいわれています。

高さを変えられない安価なタイプから、手動や電動で高さを変えられるタイプなどさまざまあります。高さを変えられるタイプなら、30分立ったまま仕事をしたら、次の30分は座って仕事をする、といったことも可能です。

実は、私も運動不足の解消のために、自宅で高さを電動で変えられるスタンディング・デスクを使うようになりました。

体脂肪が多い人は座っている時間が長いというデータがあります。私の仕事も基本がデスクワークですから、立つ時間を増やしたいと思って、スタンディング・デスクを取り入れることにしたのです。

ちなみに、オフィスで完全固定型のスタンディング・デスクを導入したら、生産性が落ちたという報告もあるようです。仕事の内容にもよりますが、集中して作業するときは座ったほうが効率はアップするのかもしれません。

それでも、先のBK30のように、30分に1回は立ったほうがよいので、高さを変えて立って仕事をするスタイルはよいと思います。気分転換にもなるでしょう。

ただ、会社の場合、自分のデスクだけ、勝手にスタンディング・デスクに変えることは難しいので、悩ましいところです。スタンディング・デスクを採用する企業が増えることを願うしかありません。

テレワークでずっと自宅で仕事をしている人は、スタンディング・デスクを取り入れてみてはいかがでしょうか。

電動式のデスクはちょっと高額ですが、固定式は安いものでは1万円以下の商品もあるようです。本書の編集者の知り合いで、これを購入した人がいるそうです。

その人は、イスに座るデスクとスタンディング・デスクを行ったり来たりしながら、仕事をしているそうです。ノートパソコンで仕事をしているので、それぞれのデスクにパソコンを移動しながら作業をしているということでした。

いずれにしても、仕事などの関係で、座る時間が長い人は、自分なりのBK30が実現できるようにしてほしいと思います。

出典：Nature Medicine volume 28, pages2521-2529（2022）

第5章

65歳から小太りのほうがよい

「小太りのほうが長生きする」は本当

中年太りが気になるのは、いわゆる中高年。30～64歳の中年期の人から65歳以上の高齢者まで、幅広い世代にわたっています。

実は64歳までと65歳以上では、中年太りへの対応のしかたが異なります。そこで本章では、65歳以上の人たちの中年太りについて述べていきたいと思います。

64歳以下の人は読み飛ばしてもかまいませんが、自分の親世代の健康のため、あるいは自分もいずれその世代になるわけですから、読んでおいて損はないと思います。

結論からいうと、65歳を超えたら、やや小太りでも問題ありません。見た目の問題は別にして、第2章で述べたように、65歳以上の人は、ＢＭＩ22・5～27・5くらいのほうが長生きだというデータがあるからです。

ただし、小太りでもメタボ関連の数値が基準値から外れていないことが条件です。ＢＭＩが軽肥満でも血液検査で異常が見られない人が半数くらいいます。その場合は、少しくらいお腹が出ていても、健康のためには気にしなくてよいということになります。

しかし、繰り返しになりますが、64歳以下の中年がこのBMIでもよいという意味ではありません。

30〜50歳代でBMIが25を超えていて、それが何年も続いていると、その間に第2章でお話しした生活習慣病などの病気が悪化している可能性があるからです。やはり、64歳以下の人の中年太りは早めに解消しておかなければなりません。

理想的なBMIは22ですが、中年期に22前後を維持していたとしても、60歳を過ぎた頃から、血液検査の数値に気をつけながら、少しずつ体重を増やしていって、BMI22・5〜27・5くらいに持っていくのがよいと思います。

逆に、中年期に太っていた人は、65歳を過ぎてからフレイル（虚弱）になりやすいという報告もあります。

フレイルについては、後で詳しく述べますが、もっともわかりやすいのは、筋力低下です。高齢になると、筋肉量の低下や筋肉の質の変化によって筋力が低下する人が多くなります。

そのままフレイルの対策をとらないでいると、やがて介護が必要になり、誰かの手を借りないと移動できなくなったり、寝たきりになってしまうこともあります。

フレイルには3つの種類がある

さて、フレイルという言葉が繰り返し出てきましたが、ここで詳しく説明しておくことにしましょう。

言葉の定義としては、年齢とともに筋力や心身の活力が低下して介護が必要になりやすい、健康と要介護の中間にある虚弱な状態のことをいいます。

フレイルには、3つの種類があります。「身体的フレイル」「精神・心理的フレイル」「社会的フレイル」の3つです。これまで述べてきた筋力低下は、その1つの身体的フレイルだけをいっています。

さらにいうと、身体的フレイルには筋力低下だけでなく、第2章で述べたロコモ（運動器障害）なども含まれます。

ちなみに、筋力低下だけを示す状態に対しては、サルコペニア（加齢による筋肉量の減少および筋力の低下）という言葉もあります。

次に、精神・心理的フレイルは、定年退職や、パートナーの喪失などによって引き起こされる、うつ状態や軽度の認知症など、心が弱った状態を示しています。

そして、社会的フレイルは、社会とのつながりが希薄になることによる孤立や経済的困窮の状態を示しています。

この3つのフレイルが連鎖していくことで、高齢者は自立度の低下が急速に進みます。現代の日本では高齢化社会の進行とともに、このフレイルが大きな問題になってきているのです。

例えば、身体的フレイルが進めば、家にこもりがちになりますね。1人暮らしであれば、社会とのつながりがなくなるだけでなく、認知症のリスクも高まります。

家にこもる時間が長くなれば、活動量が不足するため、ますます身体的フレイルが進みます。このような負の連鎖によって、虚弱な状態になっていくのです。

フレイルが問題になってきた背景の1つに、日本人の高齢化があります。現在の高齢人口を引き上げている団塊の世代（1947～49年生まれ）が、まだ中年だった頃はメタボの改善が重要視されていましたが、今や団塊の世代の約7割が75歳以上の後期高齢者になってしまいました（23年）。

すると、今度はフレイルの問題が浮上してきたのです。中年期にがんばってメタボを改善したのはいいけど、65歳を過ぎたら体が弱って、フレイルになる人が増えてきたというわけです。

オーラルフレイルにも気をつけて

3つのフレイルについて説明しましたが、フレイルの中には「オーラルフレイル」というものもあります。

「オーラル」は口腔（歯や舌など食べものを噛んだり、飲み込んだり、言葉を発する役割を持つ組織の総称）という意味ですが、これらの機能も高齢になると虚弱化しやすくなるのです。

症状としては、噛む力や飲み込む力が落ちて、普通に食事が摂れなくなったり、滑舌が悪くなってコミュニケーションがうまくとれなくなったりします。

さらに、オーラルフレイルは、前述の3つのフレイルの前兆となるなど、両者の深い関係性が指摘されています。

オーラルフレイルのきっかけの1つに歯周病があります。歯周病は成人してから歯を失う原因のトップですが、歯がなくなったのに治療しないと、噛む力が衰えて、オーラルフレイルに進みやすくなるといわれています。

また、飲み込む（嚥下する）力が衰えると、誤嚥のリスクが高まります。誤嚥とは食べものや唾液などが、誤って気管に入ってしまうこと。それによって起こるのが、誤嚥性肺炎です。

誤嚥性肺炎は高齢になるほど多くなり、また死亡原因の上位を占めています（21年の統計では第6位）。

ちなみに、食事のときにむせるのは誤嚥を防ぐための反射機能なので、高齢者でむせることが多くなるのは、オーラルフレイルのサインの1つだとされています。

オーラルフレイルは歯科の領域なので、ここでは深入りしませんが、歯周病予防は重要です。歯が抜けないように予防することで、オーラルフレイルも予防できます。

ちなみに、トピックスとして紹介しておきますが、オーラルフレイルを防ぐ可能性のある食品に緑茶（ウーロン茶でもよい）があります（国立健康・栄養研究所の南里妃名子先生らによる論文）。

緑茶にカテキンという成分が含まれていることは、知っている人も多いと思います。老化の原因の1つといわれる「酸化」を防ぐ「抗酸化物質」で、殺菌作用があることも知られていますが、歯周病にも有効と考えられています。

歯周病は歯周病菌と呼ばれる細菌群によって発症しますが、緑茶のカテキンは歯周病菌を殺菌するという研究があります。なお、野菜も抗酸化物質を多く含みます。

また、歯周病菌は歯ぐきの血管から入り込んで心臓病などの全身疾患を起こすという研究もあります。

もちろん、緑茶を飲むだけでは歯周病予防として万全ではありませんので、歯ブラシなどのケアは必須ですが、覚えておくとよいと思います。

フレイルとBMIにはU字型の関係がある

『ジャーナル・オブ・クリニカル・メディシン』という医学誌に掲載された国立健康・栄養研究所の渡邉大輝先生らによる論文があります。ちなみに、この論文には私も名を連ねています。

これまでの海外の研究では、フレイルになる人は加齢にともなって上昇しますが、BM

Ｉで見ていくと、Ｕ字型の関係があることがわかっています。それが日本人でも同じような関係があるかを調べたものです。

この研究は、京都府亀岡市で11年から継続している高齢者を対象とした介護予防のための研究のひとつです。

対象となったのは、65歳以上の亀岡市民（平均年齢73・4歳）7191人で、平均ＢＭＩは22・7でした。この人たちが、フレイルかどうかを調べ、ＢＭＩとの関係を評価しました。

その結果、フレイルと判定された人の割合は、ＢＭＩ22・5〜24・9の群に比べて、ＢＭＩ18・5未満では2・04倍、18・5〜19・9で1・69倍、20・0〜22・4で1・16倍、25・0〜27・4で1・00倍、27・5以上で1・54倍になりました。そして、フレイル有病率がもっとも低いＢＭＩは、24・7〜25・7であることもわかりました。

このように、亀岡スタディでは、低体重者（やせた人）と肥満者の両方でフレイルのリスクが増大するということで、グラフにすると海外の研究と同じように、ＢＭＩとフレイルにはＵ字型の関係が見られました。

つまり、ＢＭＩが低くても高くても、つまり、やせていても、太っていても、フレイルになるリスクが高いことが明らかになったのです。

なお、この研究では、ＢＭＩと手段的日常生活動作（家事や買い物などの生活機能）や抑うつ症状との関連についても調べています。

結果は、フレイルの有病率と同様、手段的日常生活動作は、ＢＭＩが低くても高くても低下し、うつ症状のなりやすさにもＵ字型の関係が見られました。

太っている人のフレイルもある

フレイルというと、やせ細った老人のイメージがあります。ところが、亀岡スタディでは、ＢＭＩが高い人、すなわち太った人もフレイルになりやすいことが明らかになりました。これはいったいどういうことなのでしょう。

太っている人のフレイルというのは、体脂肪が多く、かつ筋肉量が少なくなっている人に起こります。

よく太っている人で歩くのが苦手という人の話を聞きます。太っていて、筋肉量が少ないと、下肢の筋肉が体重を支えきれないため、移動能力が低下しがちです。

フレイルとBMIにU字型の関係がある

表現型フレイルモデル(FP)

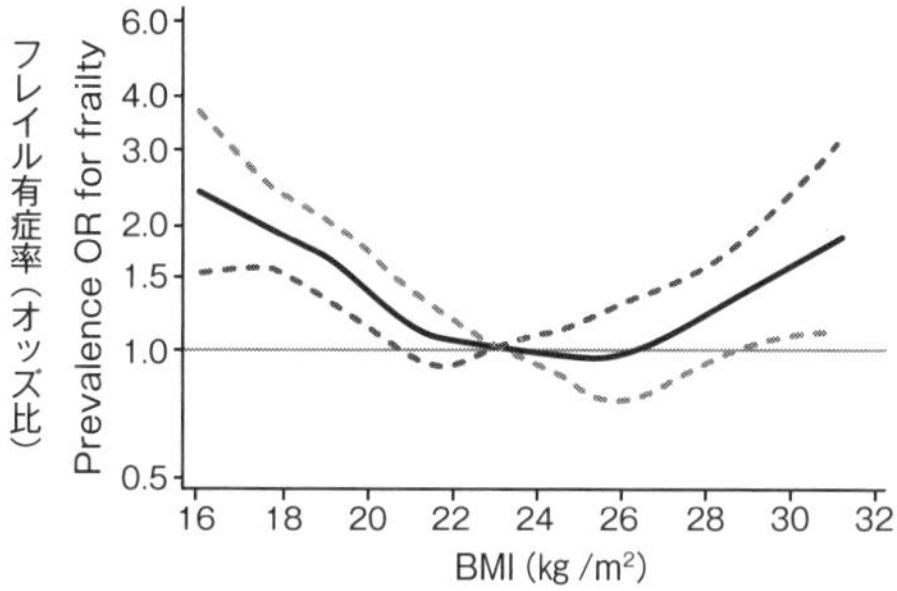

基本チェックリストによるフレイルモデル(KCL)

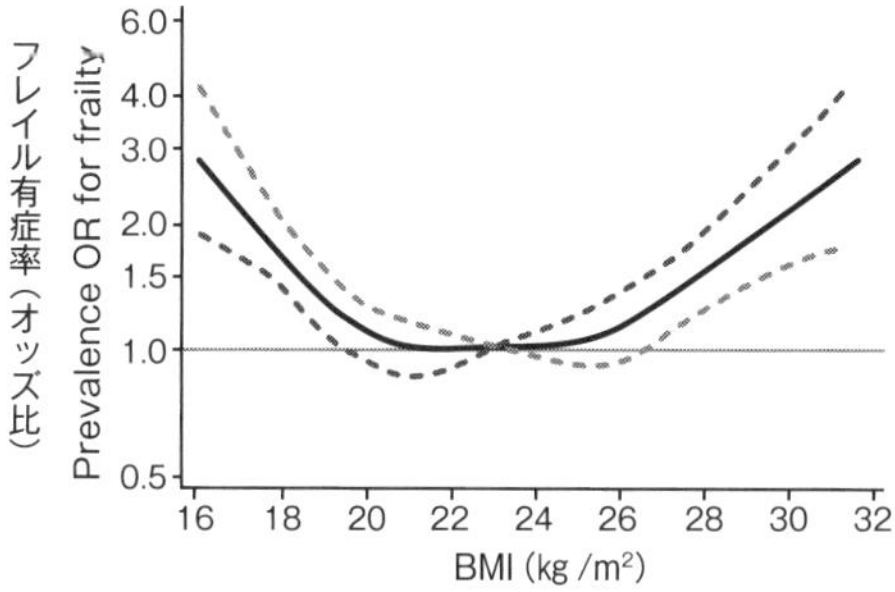

上は表現型モデル(FPモデル)と呼ばれる分類法によるグラフ。下はKCL(基本チェックリスト)によるグラフ。いずれもフレイル有病率(Prevalence OR for frailty)は、BMI22から24でもっとも低く、それより高くても、低くてもフレイル有病率は高くなり、U字型のグラフになる

原題:A U-Shaped Relationship Between the Prevalence of Frailty and Body Mass Index in Community-Dwelling Japanese Older Adults: The Kyoto-Kameoka Study
(地域在住の日本の高齢者におけるフレイル有病率とBMIのU字型関係：京都・亀岡研究)

出典:J.Clin.Med.2020/Revised:16 April 2020/Accepted:29 April 2020/Published:6 May 2020

また、太っていて筋肉量が少ないと、ひざ関節や股関節などへ負担がかかるので、ロコモのリスクも上がります。

移動能力が低下すれば、日常の活動量も減るので、より筋肉量が少なくなって筋力の低下が進む危険性があります。

亀岡スタディでも、太っている人（ＢＭＩが高い人）の手段的日常生活動作の低下が認められていました。

筋力低下は活動量の低下へとつながります。このような負の連鎖によって、太っている人にもフレイルが進行していくのです。

40～50歳代で中年太りになって、肥満が解消されずに体脂肪が増えていく一方で、筋肉量が減少していくとします。すると65歳を過ぎてから、太ったフレイルになっていくリスクが高くなります。

逆に、中年期にメタボを改善した人でも、ＢＭＩを減らすことばかりに目を奪われていると、筋肉量の減少を見逃す危険性があります。

こういう人は、65歳を過ぎたら、フレイル対策を意識して、筋力が落ちないような生活を心がけましょう。

65歳を過ぎたらたんぱく質を多めに摂ろう

フレイルの予防には、食事と運動の両方が必要になりますが、食事に限っていうと、たんぱく質を摂ることが重要です。

65歳以上は筋肉の合成能力が落ちるので、筋力低下を防ぐためには、筋肉の材料であるたんぱく質を若い頃よりも摂らないといけません。

第3章で、若い人がたんぱく質を摂りすぎると、がんのリスクが高まるという研究があることを述べました。

牛や豚などの動物性たんぱく質を若い頃からたくさん食べていると、がんになりやすいのです。

さらに、ソーセージやベーコンなど肉の加工食品を摂ると、よりがんのリスクを高めることもわかっています。

このように、若い人はたんぱく質の摂りすぎに気をつけたほうがよいですが、65歳を超えたら、逆に、たんぱく質を積極的に摂ったほうがよいといわれています。

がんは細胞のターンオーバー（入れ替わり）のときにできたがん細胞が増殖して起こります。

一方、高齢になると細胞の入れ替わりが遅くなるので、がんのリスクは年をとるほど少なくなります。ただ高齢化社会なので、全体的には高齢になるほどがんの発生率は多くなります。

しかし、若い人と同じように、高齢者がたんぱく質を多く摂った場合、がんになりやすくなるのかというと、そこまでの差はありません。

むしろ、高齢者はがんのリスクを恐れるよりも、フレイルにならないように、たんぱく質を積極的に摂ったほうがよいのです。

第3章で述べたように、たんぱく質摂取量の目安は体重1kgあたり1gとされていますが、高齢者は最大で1・4gまで摂っても大丈夫でしょう。

また、高齢者のたんぱく源は、動物性よりも植物性のものがよいという人もいますが、高齢者においては、がんのリスクはほとんど変わらないのですから、動物性たんぱく質であれ、植物性たんぱく質であれ、幅広く摂ればよいと思います。

動物性たんぱく質が多いのは牛肉や豚肉、鶏肉などの肉類や魚介類。植物性たんぱく質は大豆やその加工品である豆腐や納豆などに多く含まれています。

植物性にこだわると、全体として摂取量が少なくなる可能性があるので、動物性や植物性ということを気にせず、たんぱく質をしっかり摂ってほしいと思います。

たんぱく質の摂取は、筋力低下を防ぐので、フレイルの予防になります。65歳以上であれば、たんぱく質を摂って、筋力低下を予防することが大事です。

魚は優秀なたんぱく源

あえて肉に問題があるとすれば、たんぱく質だけでなく、脂質も同時に摂ってしまうことでしょう。

牛や豚などの四つ足動物の肉はレッド・ミート、鶏や魚の肉はホワイト・ミートといいます。いろんな研究で、ホワイト・ミートのほうが健康によいといわれています。

ですから、より健康的にたんぱく質を増やしたいのであれば、鶏肉や魚を中心にするという選択はあるでしょう。

アスリートのように、鶏肉も脂質が極めて少ない胸肉やささ身にするのもよいかもしれませんね。

逆に魚に関しては、脂質を気にする必要はありません。魚に含まれる脂質（魚油）はDHAやEPAと呼ばれていて、みなさんもご存じだと思います。これらの魚油には心臓病や高血圧など心血管疾患のリスクを下げることが知られています。

また、私たちは国立健康・栄養研究所の山口美輪先生を中心として65歳以上の人が摂っているたんぱく源と健康の関係を調べていますが、魚はもっともよい結果が出ています。かまぼこやちくわなどの魚の練り物を用いた研究では、魚のたんぱく質が筋肉の質をよくする効果もわかっています。

魚のたんぱく質だけに着目すれば、どんな魚種でもよいのですが、魚油も摂りたいというなら、魚油の含有量が多いサバやイワシなどの青魚がよいでしょう。

また、乳製品もおすすめしたいたんぱく源です。とくに乳製品は女性に効果があるようです。骨を強くするカルシウムも多いので、牛乳やその発酵食品であるヨーグルトを積極的に摂って欲しいですね。

そして、質のよいたんぱく源である卵も忘れてはいけません。以前は、卵を摂りすぎるとコレステロール値が上がるというので制限されたことがありました。しかしその後、卵を摂っても摂らなくても、コレステロールにはそこまで影響しないことがわかり、現在、厚労省は制限を設けていません。

とはいえ、食品に含まれるコレステロールの影響には個人差があるので、いくらでも食べてよいという意味ではありません。でも、1日1～2個の卵はたんぱく源としてすすめられるでしょう。

1日5000歩を越えると死亡リスクは大きく下がる

たんぱく質を摂っても、運動しないと筋力は高められません。運動に関しては、第4章で述べたように、最低限、歩くだけでも効果があります。

散歩やウォーキングは、高齢者の運動として推奨されていますが、なぜか「1日1万歩」という数字が一人歩きしているように思われます。

確かに、たくさん歩いたほうが健康によさそうですが、結論を先にいえば、1万歩には特別な根拠はありません。

それを明らかにしたのが、亀岡スタディのもう1つの研究で、私も共同研究者として名を連ねています。

この研究では、亀岡スタディに参加した4165名のデータを使用し、対象者の歩数を調べて、追跡調査しました。

3・38年間の追跡調査の中、113名の方が亡くなりました。そこで、死亡した人の歩数との関係を見ていくと、歩数がもっとも少ない群では生存率が有意に低い（死亡率が高い）ことがわかりました。

歩数が多いほど死亡リスクは下がっていきましたが、約5000〜7000歩でその効果が底を打つことが示されました。

1日5000歩未満の人が歩数を1000歩増やすことで、死亡リスクは23％低下しますが、5000歩以上の人が、さらに歩数を増やしてもそれ以上の効果はないことがわかったのです。

さらに、歩数と死亡との関係をフレイルの有無によっても分析しました。すると、フレイルの高齢者では、約5000歩まではほとんど効果がなく、歩数が1日約5000歩を超えると死亡リスクが大きく下がることがわかりました。

一方、フレイルでない高齢者は、高齢者全体の結果と同じで、1日あたり約5000〜

寿命を延ばすための歩数は5000から7000歩

フレイルの人
Frailty

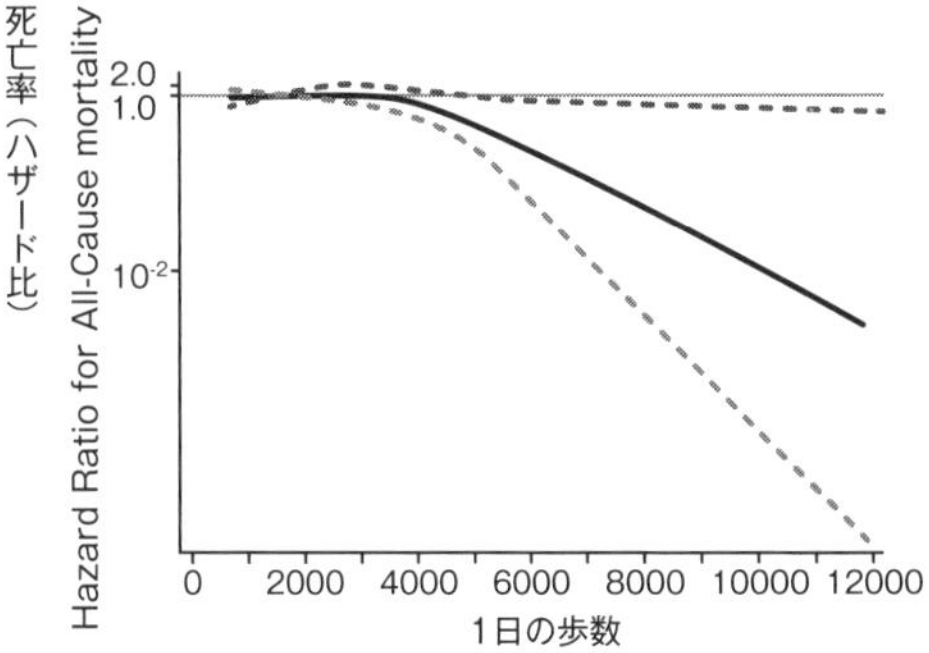

フレイルでない人
Non-frailty

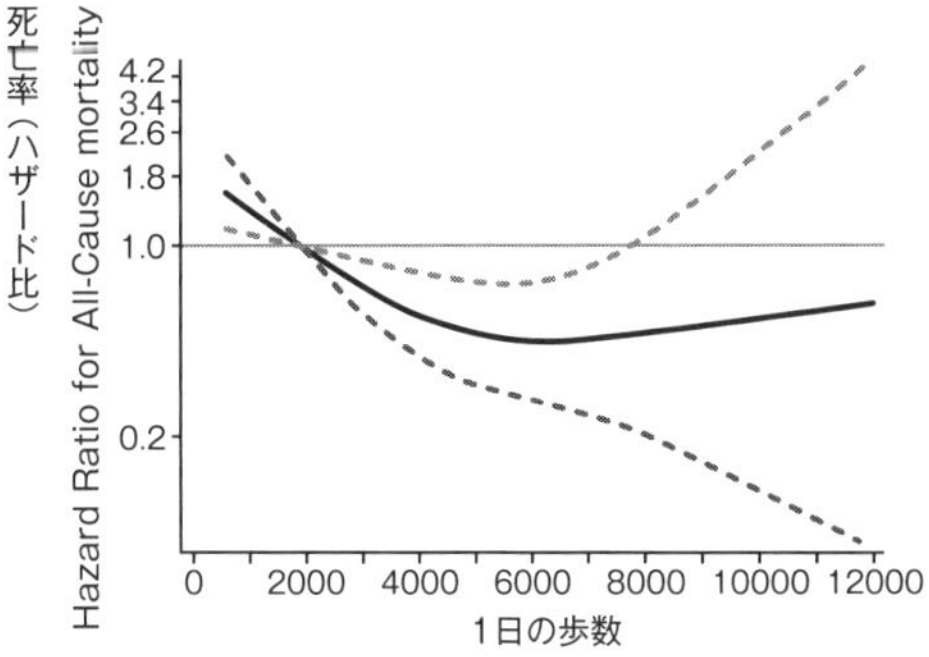

タテ軸は死亡率(Hazard Ratio for All-Cause mortality)を示す。ヨコ軸は1日の歩数。フレイルの人は5000歩以上で死亡率が下がる。フレイルでない人は7000歩以上で死亡率が頭打ちになる。適切な1日の歩数を5000~7000歩とする根拠となった

原題:Dose-Response Relationships between Objectively Measured Daily Steps and Mortality among Frail and Non-frail Older Adults(虚弱高齢者と虚弱でない高齢者の客観的に測定された毎日の歩数と死亡率との用量反応関係)

出典:PMID: 36726206 PMCID: PMC10184809 DOI: 10.1249/MSS.0000000000003133

7000歩で死亡リスクの減少が底を打つことがわかりました。

つまり、フレイルの高齢者は、5000歩を超えると死亡率が下がり、フレイルでない高齢者は、7000歩以上歩いても効果が変わらないということです。

そんな研究結果があるので、1万歩に根拠はありません。単に区切りのよい数字だから、みんな1万歩を目指すようになったのではないでしょうか。

もちろん、7000歩以上歩いたら、健康に悪いという結果ではありませんが、無理して1万歩も歩かなくてよいということです。

また、歩数が増えるほど時間がかかります。10分1000歩とすると、1万歩では休みなしに歩いて1時間40分かかる計算になります。

ですから、特に高齢者においては、1日5000〜7000歩を目標にして、継続することを重視したほうがよいでしょう。

もちろん、連続して歩く必要はありません。1日6000歩を目標にするなら、朝3000歩、夕方3000歩でもかまいません。

もっと細切れでも、トータルが5000〜7000歩になればそれでよいのです。近くのコンビニに歩いて行く時間などもカウントされますので、スマホの歩数計のトータルで、

5000〜7000歩を目標にしましょう。

フレイルの予防は「食べて歩く」が効果的

このように、フレイルの予防には、たんぱく質を減らさない食事と、筋力低下を防ぐために運動することが大事です。

また、フレイルには身体的フレイルだけでなく、精神・心理的フレイルや社会的フレイルもありますので、社会的に孤立しないことも重要です。

社会から孤立してしまうと、人とのコミュニケーションが希薄になり、認知症のリスクが高まります。

1人暮らしの人は、コミュニティの集まりに参加するなどして、孤立しないようにすることが大事です。

いわゆる中年太りの世代にとっては、まだ遠い先のことだと思われるかもしれませんが、自分たちの親は大丈夫でしょうか。親が1人暮らしをしているなら、フレイルには十分注意してほしいと思います。

ちなみに、コロナ禍による活動量の低下は、大都市圏や地方の中核都市では、比較的顕著であったものの、それ以外の地域では極端な活動量低下が見られなかったというデータがあります。

これは、地方のほうが農業などの第一次産業に従事する人が多いことなどが理由としてあげられるでしょう。

日本の第一次産業は高齢化していますが、逆にいうと、コロナ禍でも高齢の農業従事者は、仕事を続けなければなりません。その結果として、活動量の目立った低下が見られなかったのだと思います。

第6章

ドクター山田式
中年太りダイエット
必勝法

太るのは適切な量を超えて食べるから

何度もいっているように、太るのは消費カロリーよりも多くカロリーを摂取してしまうこと。要するに「食べすぎ」です。

でも、太っていて自分が食べすぎていると認識している人は、案外少ないことも事実です。第1章で述べたように、摂取カロリーを自己申告していただくと、3分の2くらいは過小評価しています。

あるいは、お笑いコンビ、サンドイッチマンの伊達みきおさんの「カロリーゼロ理論」というのがあります。例えば、ドーナツは真ん中に穴が開いていて、カロリーは真ん中に集まっているからゼロカロリーといったもの。もちろんこれはギャグなのですが、なぜこの話がおかしいのかというと、太っている人が高カロリーのものが食べたいときの言い訳になっているからです。食べたらカロリーオーバーになってしまうけど、でも食べたい。こんな経験は誰にでもあるので、伊達さんのカロリーゼロ理論がウケるのでしょう。

それほど、食べる量を減らすのは難しいものです。理屈ではわかっていても、食べたいという欲求は抑えられないのです。

たまには食べすぎてもよいのですが、毎日それが続くと、それが20～30キロカロリーくらいのカロリーオーバーでも、時間とともに体重が増えていきます。これを防ぐには、まずカロリーオーバーにならない、自分にとっての食事の適切な量を理解することです。

例えば、第3章で述べたように、学生時代は大盛りの牛丼を普通に食べていたからといって、30代でも大盛りが適量にはなりません。学生時代はまだ成長期ですし、肉体労働のバイトをしていて消費カロリーが大きかったのかもしれません。成人して基礎代謝が低下し、活動量も少なくなったら、小盛りか半ライスが適量かもしれないのです。

このように考えていくと、「自分はもしかしたら食べすぎているのではないか？」という気づきにつながるのではないかと思います。

時間を味方につける

食べる量を適量にした上で、これから述べるような「やせるコツ」を実践していただければ、中年太りの改善に弾みがつくでしょう。

やせるコツの1つは、時間を味方につけること。最近、流行しているダイエット法に、カロリー制限を1日おきに行うオルタネイト・デイ・ファスティング（ADF）や1日のうちで絶食する時間帯を決めるタイム・リストリクテッド・フィーディング（TRF）というのがあります。少しブームになった「16時間絶食」なども、こうしたダイエット法のバリエーションだと思います。

確かに、線虫やハエ、マウスを用いた実験ではその効果は確認されています。線虫では1日おきにエサを与えると寿命が延びるという研究もあります。

ただ、人間は脳が相当なエネルギーを使うので、線虫と同じような効果が得られるかどうかのエビデンスは得られていません。

16時間絶食でやせたという人の話も聞きますが、これは絶食にやせる効果があるというよりも、夕食の時間を早くすることに意味があると私は思っています。

16時間の絶食を行うとなると、必然的に夕食を早くしないといけません。実は夜の食事時間を手前に持ってくることに効果があるのです。

現代人は夕食の時間が遅くなっていて、食べてからそんなに時間がたっていないのに、寝てしまう人もいます。また寝る直前に軽食を摂る人もいます。これが太る原因になります。食べてからすぐ寝ると代謝が低下してしまうからです。

夕食は寝る3時間前に終える

実は、食事をした後には代謝が上昇しています。食事を摂ることで熱産生が行われて、代謝が上がるのです。これが第1章で述べたD・I・T（食事誘発性熱産生）です。

食事をした後、D・I・Tはじわじわと上がっていくのですが、そこで寝てしまうと、上がりきる前に再び下がってしまいます。つまり、カロリー消費が減ることになるので、肥満につながるのです。

昼食でも同じです。昼食後に眠くなる人がいますが、ここで昼寝をしてしまうと、D・I・Tの効果が低下します。

食べて眠くなるのは、動物のバイオリズムとしては正しいのです。ペットの犬や猫はエサを食べると安心して寝てしまいますね。それによって、無駄なエネルギー消費を節約しているのです。とりわけ、野生動物の場合、飢餓の心配があるので、食後すぐに眠ることによって、それを防いでいると考えられます。

16時間絶食ダイエットの成功例を聞くと、夕食は18時には食べ終わって、寝るのが10〜11時という人が多いようですが、これならD・I・Tをピークまで上げることができるでしょう。

ただ、夕食は18時までというのは、会社員には無理ですし、誰にでもできることではありません。しかし、寝る3時間前に夕食を終えるのであれば、可能ではないでしょうか。3時間でもD・I・Tはかなり上がると考えられるので、まずは夕食を寝る3時間前に終えることから始めてほしいと思います。

3食食べて、おやつは避ける

D・I・Tによるカロリー消費を期待するなら、食事は1日3食摂ったほうがよいということになります。

朝食を摂らないという人が多いようですが、第3章で述べたように、朝食を摂るとインスリンが分泌されてエネルギーが充填され、朝から活動量が増えるので、それがエネルギー消費につながります。

インスリンを分泌させるためにも、朝は炭水化物（糖質）を摂ることが大事です。パンでもごはんでもよいので、糖質は必ず摂るようにしましょう。

3食きちんと食べていると、D・I・Tで代謝を上げてエネルギー消費できるだけでなく、間食を減らせる可能性があります。実は、3食食べない人は間食率が高いというデータもあります。

多くのおやつは高カロリーです。とくに、ポテトチップスの袋を開けたら、空になるまで食べてしまう人がいますが、これだけ（1袋60ｇ）で300キロカロリー以上ものカロリー摂取をしてしまいます。

おやつの習慣がある人は、おなかが空くから食べているのか、単なる習慣で食べているのか、よく考えてみましょう。

おそらく習慣で食べている人のほうが多いのではないかと思います。3食きちんと食べていれば、体を動かすためのエネルギーは十分摂取できています。おやつを食べない生活を始めてみれば、食べないことはそれほど苦にならないはずです。

同様に、夜食も習慣で食べている人はやめてみましょう。第3章で述べたように、夜遅くまで起きていると、口さびしいのか夜食が欲しくなるのです。

夜食をやめる一番の早道は、早く寝ることです。また、夕食を食べ終えたら、早めに歯をみがいてしまうと、またみがくのがめんどうになるので、夜食が防げるという人もいます。夜食が習慣になっている人は試してみてもよいかもしれません。

たんぱく質不足にならないように

ダイエットしようとすると、カロリーのことばかり考えがちのため、全体の量を抑える人が多いようです。

例えば、糖質も脂質もたんぱく質も一律にカットすると、たんぱく質が不足する可能性があります。たんぱく質は筋肉などの材料になる栄養素なので、必要な量を摂らないと筋肉が崩壊をはじめ、筋肉量が減少してしまいます。

これまで述べてきたように、1日に必要なたんぱく質量は体重1kgに対して1g。65歳以上の高齢者は1・2~1・4gくらいでもよいとされています。

また、筋肉はつねに合成と崩壊が行われているので、1日3食でまんべんなくたんぱく質を摂るのが理想です。

たんぱく質が豊富なおもな食品

（100g中のたんぱく質含有量）

食材		たんぱく質量
肉類	鶏ささ身（成鶏肉生）	24.6g
	豚肉（大型種ヒレ赤肉生）	22.2g
	鶏胸肉（成鶏肉皮つき生）	19.5g
	牛肉（和牛ヒレ赤肉生）	19.1g
魚介類	まぐろ（さはだまぐろ生）	24.3g
	さば（まさば生）	20.6g
	あじ（まあじ皮つき生）	19.7g
	さけ（ぎんざけ養殖生）	19.6g
卵・乳製品	チーズ（カマンベール）	19.1g
	卵（鶏卵全卵生）	12.2g
	ヨーグルト（全脂無糖）	3.6g
	牛乳（普通牛乳）	3.3g
大豆加工品	納豆（糸引き納豆）	16.5g
	豆腐（木綿豆腐）	7.0g
	豆乳（調整豆乳）	3.2g

※『八訂 食品成分表2023』（女子栄養大学出版部）より作成

先に、朝食では糖質を摂ったほうがよいと述べましたが、たんぱく質も一緒に摂るようにしてください。

パン食なら目玉焼き、ごはん（和食）ならアジの干物とか、全体のカロリーは少なくても、糖質とともにたんぱく質を摂ることを忘れないようにしましょう。

昼食や夕食も、たんぱく質を含む主菜（魚料理や肉料理）を中心にして、主食で糖質も摂るようにします。

第3章で述べたように、低糖質ダイエットは一見やせているように見えても、水分量が少なくなっているだけなので、糖質を極端に減らさないようにします。

ただ、摂取カロリーオーバーは糖質の摂取過剰であることが多いので、いっぱい食べている人は減らす工夫が必要です。

これまで外食では必ず大盛りを頼んでいた人は普通盛り（場合によっては半ライス）、自宅でごはんを3杯食べていた人は2杯に、2杯食べていた人は1杯に、というように、おかわりを1杯減らすところから始めるのはどうでしょう。

今までの食習慣を大幅に変えると長続きしないので、できるところから始めたほうがよいと思います。

エネルギー密度の高い料理を避ける

太っている人は、糖質の摂取が多い傾向が見られますが、もう1つ、脂質の過剰摂取もあるようです。

脂質（脂肪）は体に必要な栄養素の1つで、糖質、たんぱく質とともに、3大栄養素と呼ばれています。

とはいえ、脂質は肉や魚、牛乳、卵など、さまざまな食品に含まれているので、これらの食品を普通に食べているなら、脂質が不足することはまず考えられません。むしろ、現代人は脂質の摂取過剰になっている人のほうが多いのです。

中年太りを気にしている人は、フライや唐揚げなどの揚げ物が好きな人が多いのではないかと思いますが、揚げ物は極めてエネルギー密度の高い食品です。

同じ重さの食品、例えば鶏肉をゆでたものと唐揚げにしたものでは、油を使った唐揚げのほうがエネルギー密度が高くなります。

フライドチキンは、コンビニの人気商品の1つですが、いつもフライドチキンを買っていた人であれば、それをサラダチキンに変えるだけでも、エネルギー密度が3分の1くらいになるので、試してみてはいかがでしょうか。

自宅で調理する場合も、油を使った調理法に注意しましょう。フライパンで炒め物などを調理するときは、サラダ油をひきますが、けっこう大量の油を使っている人も多いような気がします。

最近は油なしで調理ができるフライパンなども商品になっているので、そうした調理器具を使って、調理油を少なくするのもよいでしょう。

左ページにエネルギー密度の高い食品と低い食品のリストを掲載しましたので、どんな食品がどのくらいのカロリーであるか、参考にしてください。

野菜は油を使った調理をしなければ、エネルギー密度の低い食品がほとんどです。ところが、油で炒めたり、天ぷらにするとエネルギー密度が高くなります。ですから、生かゆでる、あるいは蒸して食べることをおすすめします。

油を控えるのも、それが好きな人には大変だと思いますが、「絶対にダメ」というわけではありません。月に1～2回のごほうび外食には食べてもよいというルールにして、普段自宅で食べるときは油料理を避けるというやり方でもよいと思います。

エネルギー密度の高い食品と低い食品

エネルギー密度の高いおもな食品	100gあたりのカロリー(kcal)	エネルギー密度の低いおもな食品	100gあたりのカロリー(kcal)
ポテトチップス	541	切り干し大根の煮物	48
ドーナッツ	379	冷や奴(絹ごし豆腐)	56
メンチカツ	273	もやしのナムル	70
えびフライ	236	ひじきの炒めもの	75
ポテトコロッケ	226	いんげんのごま和え	77
ギョウザ	209	肉じゃが	78
ミートボール	199	青菜の白和え	81
合いびきハンバーグ	197	筑前煮	85
しゅうまい	191	わかめとねぎの酢みそ和え	85
ビーフシチュー	153	くずもち(関東風小麦でん粉製品)	94

※『八訂 食品成分表2023』(女子栄養大学出版部)より作成

ラーメンやカレーよりも和食の定食がおすすめ

お勤めをしている人の中には、昼食はオフィスの近くのレストランや定食屋さんで食べるという人も多いと思います。

そういう人に避けて欲しいメニューがあります。それはカレーライスや牛丼などのどんぶりもの、ラーメン、そば、うどんなどの一皿でお腹を満たすようなメニューです。

これらのメニューの特徴は炭水化物が多く、たんぱく質が少ないこと。ラーメンもチャーシューメンにするならまだよいかもしれませんが、普通のラーメンではたんぱく質が十分摂れないなど、一皿でお腹を満たすメニューにはたんぱく質が少ないものも多いのです。

栄養バランスを考えたら、定食がおすすめです。中華の定食もありますが、中華はどうしても油が多くなりがちです。ですから、居酒屋さんのランチなど、和食の定食が一番よいと思います。

和食の定食といっても、天ぷら定食のようなエネルギー密度の高いメニューではなく、焼き魚定食や豚しゃぶ定食など、油を使わないメニューを選ぶようにすれば、脂質の摂りすぎによるカロリーオーバー分が減らせます。

器を変えると食べる量が減らせる

自宅の食事では、ごはんは1杯だけで、おかわりはしていない、という人もいるかと思います。そんな人は、ごはん茶碗を一回り小さいものにするという方法もあります。

ごはん茶碗というのは、すごく多様で、小さなどんぶりに近いものから、子ども用の茶碗までさまざまです。

あるいは、同じような大きさの茶碗でも、底が深いものや浅いもの、側面の丸みを少なくして、たくさん盛れないようになっているものもあります。こうしたごはん茶碗を選んで、食べる量を減らすのはどうでしょうか。

私自身もごはんは好きですし、ごはんを悪者にしたくはありません。とはいえ、ごはんが肥満の大きな原因になっている人もいますので、少しでも減らすための方法として提案しています。

夫婦茶碗というのがありますね。男性用は大きく、女性用は小さいのですが、これは差別でも何でもなく、一般的に男性のほうが1日に必要なカロリーが多いからです。逆に夫婦で同じ器を使って食べていたら、女性のほうがカロリーオーバーになってしまう可能性があります。

逆に、男性がごはんのカロリーを減らしたいなら、夫婦茶碗の女性用を使うようにしてもよいでしょう。

また、ごはんを盛る目安が茶碗の柄や線などで内側に描かれているものもあります。何も描かれていない白い器では、ついつい盛りすぎてしまいがちですが、こういうものを使って、ごはんのカロリーを減らすのもよいと思います。他には、ごはんを玄米にかえるなどの工夫もよいです。

レッド・ミートよりもホワイト・ミート

第5章で牛や豚などの肉をレッド・ミート、鶏肉や魚の肉はホワイト・ミートと呼ばれていて、ホワイト・ミートのほうが健康によいことをお話ししました。

これは高齢者の食事だけでなく、30〜50代の中年世代でも同じです。より健康的な食事

食べる量（摂取カロリー）を減らすコツ

ランチは丼ものをやめて定食にする

ごはん茶碗をひとまわり小さいサイズに

にしたいのであれば、ホワイト・ミートを中心にしてはいかがでしょうか。

とくに全世代におすすめしたいのは、魚です。前述のように、肥満予防のために油（脂質）を減らすのはよいことですが、魚油はメタボ関連の生活習慣病の予防に役立つなど、メリットがあるので、摂ってもよい油とされています。

魚油だけでなく、魚はたんぱく質も多く含まれているので、今まで魚はほとんど食べてこなかった人であれば、週2回くらい魚のメニューにしてはいかがでしょうか。

ちなみに、魚油の効果は加工食品でも失われないので、サバ缶やイワシ缶などの缶詰を利用するのもよいでしょう。魚料理は苦手という人も、缶詰なら缶のフタを開けるだけなので簡単ですね。「サバ缶メニュー」などで検索すれば、缶詰を使ったメニューもたくさん出てきます。

また、第5章では歯周病予防に緑茶（またはウーロン茶）がよいというお話をしましたが、これは茶葉に含まれるカテキンという抗酸化物質の効果です。

このような抗酸化物質は、植物が自らを紫外線などによる「酸化」から守るためにつくり出す成分です。同様のものに、トマトのリコピンやニンジンなどのβ《ベータ》-カロテンなどがあります。いずれも、人間の体の中に入ると抗酸化作用を発揮します。

よく野菜は体によいといいますね。糖質、脂質、たんぱく質の3大栄養素に、ビタミンとミネラルを加えて5大栄養素といいますが、野菜はビタミンとミネラルの主要な供給源になります。それだけでなく、動脈硬化などを予防する抗酸化作用があるので、副菜として野菜は必ず摂るべき食品です。

ただし、野菜の中には炭水化物（糖質）を多く含むものがあります。ジャガイモやサツマイモ、サトイモなどのイモ類です。

野菜は健康によいからと、これらのイモ類をたくさん食べると、糖質の摂りすぎになってしまうこともあるので注意しましょう。

例えば、ごはんのおかずに肉じゃがでは、主食でもおかずでも糖質を摂ることになってしまいます。肉じゃがを食べてもよいのですが、そのときは、ごはんをさらに減らすなどの工夫が必要だと思います。

ちなみに、お好み焼きやたこ焼きなどの粉もの食文化で知られる大阪などでは、お好み焼き定食というものがあります。主食のごはんがあって、お好み焼きがおかずになっています。

食文化なので全面的に否定することはできませんが、糖質の過剰摂取につながりやすいということは理解しておいてほしいと思います。

エネルギー消費のコツは「上下運動」

中年太り改善のための食事のコツをお話ししましたが、次に運動のコツについてお話ししたいと思います。

意識的に行う運動はもちろん大事ですが、その前に、日常生活での活動量を増やすコツについてお話ししましょう。

私が体を動かすことがよいといったら、「びんぼうゆすりのような運動でも効果があるのか?」とたずねた人がいますが、座ったままの姿勢で体を動かしても、ほとんど消費エネルギー量は増えません。

現代人の家庭生活は、座ったままリモコンでいろんな作業ができてしまうので、座りっぱなしになりがちです。

しかし、消費エネルギー量を増やすなら、立ち上がって何か物を取りに行くようにしたほうがよいのです。

消費エネルギーを増やすには、体の重心を移動させることが重要です。もっとわかりやすくいえば、腰を使って上下や左右に動くことが消費エネルギー量を高めます。

上下の運動なら、座ったり立ったり、階段の上り下りをする動きです。左右であれば、まっすぐ歩くのではなく、右に曲がったり左に曲がったり、廊下を何度も往復したりするような動きをすると重心が動きます。

階段の上り下りでは、とくに階段を上るときにエネルギー消費量が大きくなります。平地を歩くのに比べて、階段上りは約3倍ものエネルギーを消費します。また第4章で述べたように、息が上がって心肺機能も鍛えられます。

オフィスで階段が使える環境なら、エレベーターは使わず、上のフロアに行くときは階段を使うというのもよいでしょう。

家事であれば、洗濯ものを物干しに干したり、高い棚のものをつま先立ちで取るといった動作をすると上下に重心が動きます。

農業をやっている人は、仕事で相当なエネルギー消費をしていますが、会社員であればガーデニングを趣味にするのもよいと思います。

立った姿勢で植物に水をあげたり、しゃがみこんで植物の世話をするなど、体は上下や左右によく動きます。花を育てるのも楽しいと思いますが、野菜を育てる家庭菜園なら、採れた野菜が食べられるので一石二鳥ですね。

運動時間は最低30分

日常の動作を増やして消費するエネルギーも、「チリも積もれば……」ではありませんが、1カ月、1年という単位で見ればけっこうなエネルギー量になってきます。

しかし、これだけではさすがに十分でありません。それに加えて、意識的な運動を行うことも習慣にしましょう。

その時間は、最低で30分。子どもとのキャッチボールとか、何かスポーツができるのが理想ですが、散歩やウォーキングでもかまいません。

大人が普通に歩くと、おおむね10分で1000歩ぐらいですから、3000歩で30分運動したことになります。

雨の日にまで散歩しなさいとはいいませんが、休み癖がつかないように、週2回以上はやるようにしましょう。本当は、雨の日は後述するスクワットなどの筋トレを行うように

消費カロリーを増やすコツは上下運動

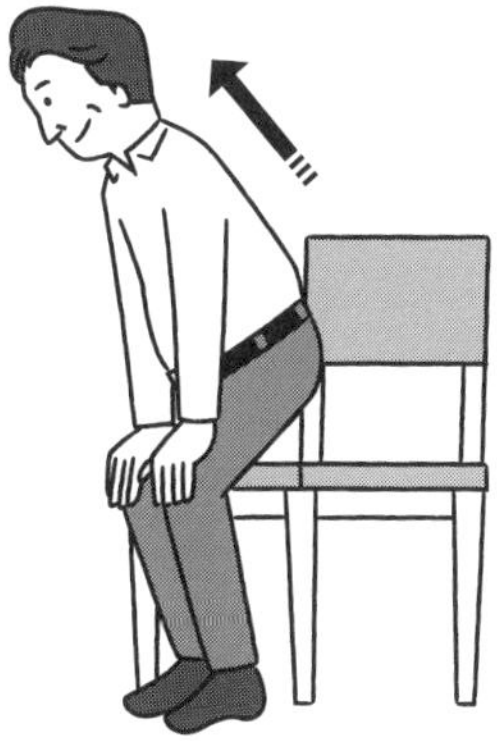

イスから立つ

階段を上る

洗濯ものを干す

ガーデニング

して、休みの日をできるだけつくらないようにしたほうがよいのです。

週1回まとまった運動を

1日30分の散歩程度の運動に加えて、私がすすめたいのは、週1回、何かスポーツをすることです。

コペンハーゲン調査という研究があります。デンマークのコペンハーゲン市内在住の成人（8477人）を25年にわたって追跡調査したもので、運動習慣がない人とある人の平均寿命の差を明らかにしたものです。

おもしろいのは、スポーツ種目別に、どのくらい寿命に差があるかまで示していることです。

結果は、1位からテニス（9・7年）、バドミントン（6・2年）、サッカー（4・7年）、サイクリング（3・7年）、水泳（3・4年）、ジョギング（3・2年）、健康美容体操（3・1年）、ヘルスクラブでの活動（1・5年）となっています。

スポーツ種目によって週あたりの運動時間の差はありましたが、運動実施時間の影響は

寿命を延ばすスポーツはテニスが最強

論文の原題:Long-term Tennis Participation and Health Outcomes: An Investigation of "Lifetime" Activities（長期的なテニスへの参加と健康成果：「生涯」活動の調査）

出典:Int J Exerc Sci. 2020 Sep 1;13(7):1251-1261. eCollection 2020.

少ないこともわかりました。

おもしろいのは、テニス、バドミントン、サッカーと、上位3つがいずれも球技であること。ジョギングやヘルスクラブでの活動は基本的に個人参加型の運動であるのに対し、球技は参加者どうしのコミュニケーションが生まれることに違いがあるのかもしれません。

ですから、ジョギングのように1人で孤独になって走るようなスポーツではなく、運動仲間がつくれるような運動がよいと思います。

ジムの運動でも、あいさつできるような仲間がいれば、やり方のコツを教えてもらったり、お互いにはげましあったりするなど、コミュニケーションが生まれます。

これからスポーツを始めるなら、スクールに通うという方法もあります。テニススクールや水泳スクールなどに通えば、インストラクターから技術を教えてもらうだけでなく、参加している者どうしのコミュニケーションも増えるでしょう。

学生の頃やっていたスポーツがあるなら、スクールなどに通って再開させればよいと思います。スクールならレベルに合わせて指導してくれるので安心ですし、仲間もつくりやすくなります。

また高齢者にはゴルフの経験がある人が多いと思います。定年してからやらなくなっているなら、昔の仲間を誘ってゴルフを再開させるのもよいでしょう。孤立によるフレイルの予防にもなります。

コペンハーゲン調査の研究者たちも、こうしたコミュニケーションに注目しています。コミュニケーションをとることがストレスの解消になり、メンタルヘルスが向上することが、寿命の延伸にもつながっていると考察しています。ですから、スポーツをやるなら、ぜひとも仲間をつくってもらいたいと思います。

週末、年末年始、GWはダラけない

運動で忘れてはならないのは、週末、年末年始、GWや夏休みなどのホリデー・ウエイト・ゲインを減らすことです。

これらの休みを運動しないでいると、それが休み明けの体重増につながります。ですから、この期間こそ意識的に運動してほしいのです。

お勤めの人がスポーツスクールに通うなら、土日に行くようにすれば、土日の運動不足が改善できるでしょう。

そこまではまだまだ、という人も、土日も最低30分の運動は続けましょう。ウィークデーは休む日があっても、土日に休まないことがポイントです。

もちろん、土日に行楽地に出かけるなど、体を動かす機会があるのであれば、それが運動の代わりになります。

イス立ち上がりテストで今の体力を判定しよう

運動が長続きしない人は、脚の筋力が低下しているからかもしれません。日常生活の活動量が減っていると、筋力低下につながります。

そこで、今の自分の筋力を調べるため、イス立ち上がりテストを行って、できるかどうか確認するのもよいと思います。

イス立ち上がりテストは、もともとロコモの判定に用いられるものなので、65歳以上がおもな対象ですが、若い人でもできない人がいます。

座面が40㎝くらいの高さのイスに座り、反動をつけずに立ち上がって、3秒キープする

イス立ち上がりテストのやり方

1

両脚を開いて、高さ40㎝くらいの台などに腰をかけ、片脚を上げて、ひざを軽く曲げる

3秒キープ

2

1の姿勢から、反動をつけずに立ち上がり、そのまま3秒間キープ。反対側の脚でも同じように行う

というものです。40～50代で立ち上がれなかったり、3秒キープができなかったりするのは、相当筋力低下が進んでいると考えられます。

1分ジョギングのすすめ

第4章で、1日3分、息が上がる運動をして心肺機能を高めることが重要で、ウォーキング（散歩）の中に1分ぐらいのジョギングを取り入れるとよいと述べました。

散歩ぐらいしかできない人は、ぜひこれをやってみてください。ジョギングのスピードは、信号を渡り始めて赤に変わったときに、急いで渡るぐらいのイメージです。全速力で走る必要はありません。

また、ランニングのように腕を大きく振る必要もありません。公道を歩いているのであれば、むしろ手を大きく振るのは危険です。

信号を急いで渡るぐらいのスピードで、散歩の途中に1分間だけジョギングをすると、息が上がってくるので、今度は普通に歩いて息を整えます。これを30分の散歩中に3回やるだけです。

1分ジョギングのやり方

1

普通に散歩する。早歩きは意識しなくてよいが、背筋を伸ばして、よい姿勢で歩く

2

散歩の途中に、1分を目安にジョギングする。全力で走らなくてもよく、息が上がるくらいのスピードを意識する。1分たったら、1の普通の散歩に戻る。散歩の途中で1分ジョギングを3回加える

「1分は無理！」という人は、第4章で述べたように、30秒を6回でもかまいません。大事なのは息が上がる運動をトータルで3分行うということです。

高速スクワットで持久力アップ

自宅でできる運動で私がおすすめしているのがスクワットです。雨の日など散歩ができないときでもできるので覚えておくとよいと思います。

私がすすめているスクワットには早く行うものとゆっくり行うものの2種類がありま す。スクワットというと、筋トレのイメージがありますが、早く行うスクワットには、有酸素運動的な要素もあります。

そこでまず、早く行う「高速スクワット」のやり方を紹介しましょう。やり方は普通のスクワットと同じですが、できるだけ早く行うのがポイントです。

基本は30秒で10回のスクワットです。でも筋力が弱っている人は、10回続けてできないかもしれません。そのため、この高速スクワットは、自分の今の下肢の筋力を判定するテストにもなります。

高速スクワットのやり方

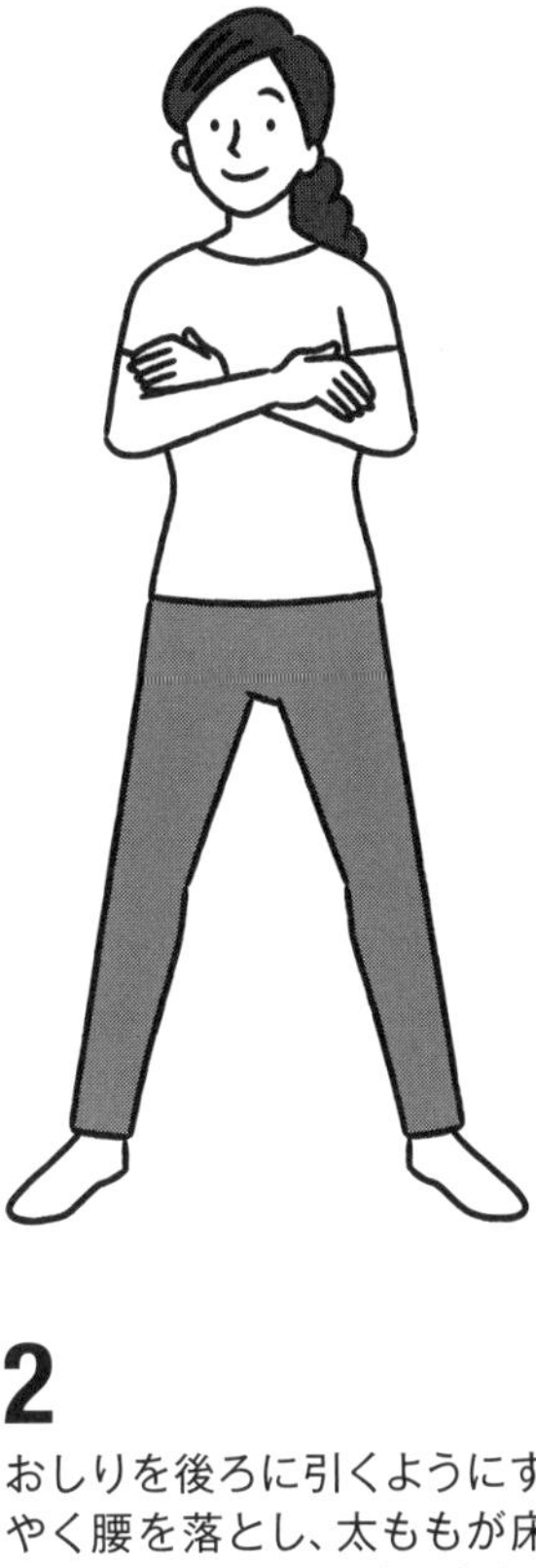

1

足を肩幅より少し広めに開いて、
つま先をやや外に向けて立つ。
腕は胸の前で軽く交差する

2

おしりを後ろに引くようにすばやく腰を落とし、太ももが床と平行になるくらいになったら、すばやく1の姿勢に戻る。これを10回繰り返して1セット。1日3セット行う。10回がラクにできるようになったら、30秒で何回できるかに挑戦するのもよい

つま先がひざよりも前に出ないように

30秒以内で行うのが難しかったら、10回を何秒でできるか、スマホのストップウォッチなどで計るという方法でもよいでしょう。

高速スクワットは10回が1セットです。1日3セット行うのが理想ですが、少し休んで続けて行ってもよいですし、朝昼晩と1セットずつ分けて行ってもかまいません。

高速スクワットには筋トレの要素もありますが、筋肉の収縮のスピードを上げて、筋パワーをアップさせることが目的です。

筋トレには、筋肉を大きくする筋トレと、筋肉の収縮のスピードを上げる筋トレがありますが、高速スクワットは後者です。

スロースクワットで筋肉量を増やす

一方、スロースクワットは、筋肉を大きくする筋トレ。いわゆる筋肉量を増やす筋トレが、スロースクワットです。

スロースクワットは、自分の体重を負荷にして行う筋トレです。ですから、ゆっくり行うほど筋肉への負荷も大きくなります。

スロースクワットのやり方

1

脚を肩幅よりも少し広めに開いて、つま先はやや外側に向けて立つ。腕は軽く交差する

2

おしりを後ろに引くように、4秒かけてゆっくり腰を落としていく

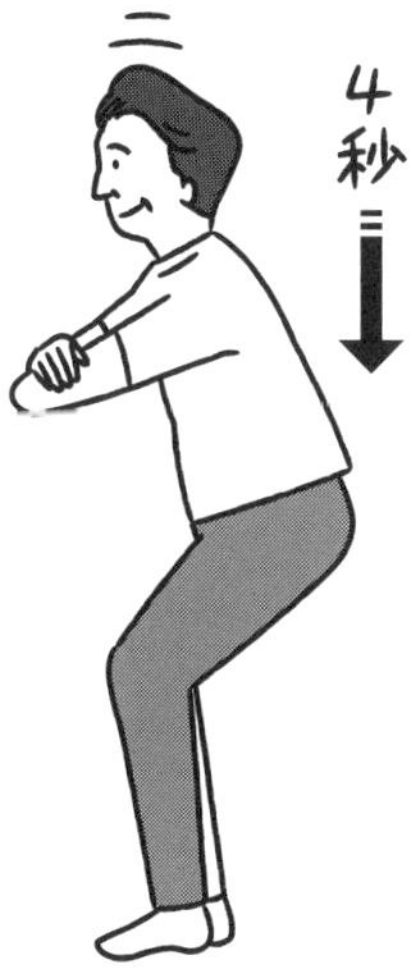

つま先がひざよりも
前に出ないように

つま先がひざよりも
前に出ないように

3

太ももが床と平行になったら、4秒かけて反動をつけずにゆっくり1の姿勢に戻る。これを10回繰り返して1セット。1日3セット行う

スロースクワットは、立った姿勢から、4秒で下がって、4秒で上がるのが基本です。上がるときは、反動をつけずに行ってください。

毎日、少しずつでいいから運動する習慣を

私たちが中年や高齢者の人に筋トレの指導をしたときは、スロースクワットを行った後に、高速スクワットを10回くらいやってもらうようにしましたが、2種目を続けて行うなら、どちらが先でもよいと思います。

また、高速スクワットは、食後少し時間がたってから行うと、有酸素運動の効果があり、食事から摂った糖質をエネルギーとして消費する効果があります。ですから、食後に高速スクワットを行い、食事と食事の間にスロースクワットを行うのもよいと思います。

1分ジョギングを取り入れた1日30分の散歩と、2種類のスクワット。運動が苦手な人や、今まで運動の習慣がなかった人は、これだけでも続けてほしいと思います。

それを継続できれば、消費エネルギー量も増え、また筋肉量が増えればわずかですが代謝が上がってやせやすい体に変わってきます。

もちろん、これらの運動だけでは物足りないという人は、スポーツなど好きな運動もやってください。1人ではサボってしまうかもしれないと心配な方は、思い切ってジムやスポーツクラブに通うのもよいでしょう。そこで、仲間ができれば挫折することなく続けられるかもしれません。

本章の前半（食事編）で述べたように、エネルギー密度の低いメニューを選ぶなど、食事から摂るカロリーを減らして、毎日少しの時間でも運動する習慣がつけば、中年太りは着実に改善していくでしょう。

急いでやせる必要はありません。できることを続けて、体重が1kg、2kgと減っていけば、達成感が得られるので、それが継続のモチベーションになっていくと思います。

科学的なデータに基づいた中年太り改善のためのメソッドを公開しました。みなさんが成功されることを願ってやみません。

山田陽介（やまだ・ようすけ）

国立研究開発法人医薬基盤・健康・栄養研究所運動ガイドライン研究室長、神戸大学大学院保健学研究科准教授。専門は、身体活動科学・栄養代謝学・健康長寿学。

1980年埼玉県生まれ。1999年浦和高校卒業。2003年京都大学総合人間学部卒業。2009年京都大学にて博士（人間・環境学）号取得。ウィスコンシン大学マディソン校栄養学科、福岡大学スポーツ科学部、京都府立医科大学医学部でのポスト・ドクターを経て現職。米国留学中は、長期カロリー制限サルの健康寿命やエネルギー代謝に関する研究に従事。京都では、地域の中高齢者に対する運動・栄養・骨格筋の質に関する大規模調査・介護予防研究（京都 - 亀岡スタディ）を実施。国連の国際原子力機関が管轄するエネルギー代謝データベースの運営委員や、アメリカ老年学会誌編集委員を歴任。これまで、アメリカ老年学会65周年記念論文賞（医学部門）、国際骨粗鬆症学会や国際フレイル・サルコペニア学会での若手最優秀賞など多くの国内外の学術賞を受賞。2021年、2022年には『Science』誌、2023年には『Nature Metabolism』誌に共同責任著者の論文が掲載されるなど、エネルギー代謝に関する研究の第一人者。

科学がつきとめた 中年太りのすごい解消法

2023年12月1日　初版第一刷発行

著　者　山田陽介
発行者　三輪浩之

発行所　株式会社エクスナレッジ
〒106-0032　東京都港区六本木7-2-26
https://www.xknowledge.co.jp/
問合先　編集 TEL.03-3403-6796　FAX.03-3403-0582
販売 TEL.03-3403-1321　FAX.03-3403-1829
info@xknowledge.co.jp